Eduard August Winkelmann

Die Jahrbücher von Magdeburg : Chronographus Saxo

Eduard August Winkelmann

Die Jahrbücher von Magdeburg : Chronographus Saxo

ISBN/EAN: 9783743695566

Hergestellt in Europa, USA, Kanada, Australien, Japan

Cover: Foto ©ninafisch / pixelio.de

Weitere Bücher finden Sie auf **www.hansebooks.com**

Die Geschichtschreiber

der

deutschen Vorzeit

in deutscher Bearbeitung

unter dem Schutze

Sr. Majestät des Königs Wilhelm I. von Preuße

herausgegeben von

G. H. Pertz, J. Grimm, K. Lachmann, L. Ranke,
K. Ritter,
Mitgliedern der Königlichen Akademie der Wissenschaften.

XII. Jahrhundert. 12. Band.

Jahrbücher von Magdeburg.

Berlin.
Verlag von Franz Duncker.
1863.

Die

Jahrbücher von Magdeburg
(Chronographus Saxo).

Nach der Ausgabe der Monumenta Germaniae

übersetzt von

Dr. Eduard Winkelmann
in Reval.

Berlin.
Verlag von Franz Duncker.
1863.

Einleitung.

Aus dem Kloster des heiligen Johannes in Magdeburg, dem heutigen Kloster Bergen, ist ein Annalenwerk hervorgegangen, welches seit Leibnitz unter dem Namen des chronographus Saxo bekannt war. Diese „Magdeburger Jahrbücher" sind wie die übrigen großen Weltchroniken rohe Compilationen aus älteren weit verbreiteten Werken, z. B. des Hieronymus, Regino, Ekkehard u. A.; aber sie erhalten großen Werth durch eine uns verlorene Quelle, welche auch der bis zum Jahre 1139 reichende „sächsische Annalist" gekannt und bald in beschränkterer, bald in ausführlicherer Weise, als der Verfasser der Magdeburger Annalen, ausgeschrieben hat. Um diese alte Quelle zu kennzeichnen, hielt ich es für nöthig, überall, wo eine auf sie zurückführende Uebereinstimmung zwischen den beiden erwähnten Werken sich zeigt, dies anzumerken.

Diese verlorene Quelle beruht auf einer ausführlichen Geschichte der Gründung Magdeburgs, welche dadurch auf

Magdeburg hinweist. Hier wurden ferner die Annalen von Quedlinburg (nachweislich nur bis 1025) und bis 1040 auch die Hildesheimer Annalen benutzt; jedoch nach Giesebrechts höchst annehmbarer Vermuthung (Gesch. d. deutschen Kaiserzeit II, 555) in einer für die Jahre 1029—1043 erweiterten Gestalt.[1] An die Hildesheimer schließen sich auch hier die Annalen von St. Alban in Mainz (nur bis 1101) und die von Rosenfeld an, welche beide Wirzburgischen Ursprungs sind. Mit dem Beginne des zwölften Jahrhunderts tritt der unbekannte Autor, der auch zu jenen Werken wiederholt eigene Zusätze macht, offenbar in sein eigenes Zeitalter ein: zum Jahre 1113 nennt er eine Reihe Persönlichkeiten, ohne sie durch ihre Beinamen zu unterscheiden, als ob er vorausgesetzt hätte, daß sie ohne Weiteres bekannt seien. Aber geschrieben hat er erst nach Lothars Kaiserkrönung (1133) und nach der Erwählung des Erzbischofs Konrad von Magdeburg (1134—1142) — wie weit? wissen wir nicht, da das Abbrechen des sächsischen Annalisten im Jahre 1139 eine weitere Vergleichung und in Folge derselben eine Ausscheidung der alten Quelle unmöglich macht. Den Pöhlder Annalen hat diese nicht vorgelegen.

Wiederum in Magdeburg, das besonders berücksichtigt wird, hat man jenes ältere Werk stets den Ereignissen ziemlich gleichzeitig fortgesetzt. Sehr ausführlich sind die Nach-

---

[1] 1030 wurde geschrieben vor den Ereignissen des Jahres 1031.

richten über die Kreuzfahrten von 1147 und namentlich die Erzählung von der Belagerung Lissabons trägt den Beweis an der Stirn, daß sie von einem Augenzeugen herrührt. Erst mit dem Jahre 1153, und nicht früher, beginnt eine merkwürdige Uebereinstimmung mit den Annalen von Pöhlde, vorzüglich auffallend bis 1164; aber sie hört dann noch nicht auf, wie Wattenbach, Deutsche Geschichtsquellen im M.-A. S. 412 meint, sondern sie findet sich, obwohl vereinzelt, auch später, z. B. 1172, 1179, 1180. Die Benutzung einer Schrift durch die andere ist wegen mannigfacher Abweichung nicht wohl glaublich; so bleibt nur die Annahme einer gemeinschaftlichen Quelle übrig, deren Heimat an der unteren Elbe, etwa in Nofeufeld bei Stabe zu suchen ist. Die Uebereinstimmung ist jedes Mal durch * vor dem betreffenden Satze angedeutet. Je mehr sich die Annalen, deren Urschrift freilich nicht erhalten ist, ihrem Ende nähern, um so größer wird der Zwischenraum, der zwischen den einzelnen Jahren gelassen ist. Zwischen 1179 und 1180 bleibt aber nur eine Linie übrig. Das weist einigermaßen auf das Jahr 1180 als den Zeitpunkt der definitiven Redaktion hin, noch mehr aber, daß die Magdeburger Annalen in den Pegauer nur bis zu diesem Jahre benutzt sind. Zu 1181 bis 1185 wurde Nichts mehr angemerkt, 1186 und 1187 wurden erst später hinzugefügt.

Die Bedeutung der Magdeburger Annalen liegt in der Bewahrung der einheimischen Ueberlieferung und der verlorenen Quellen, die sich mit ihrer Hülfe ziemlich genau erkennen lassen, endlich besonders seit Anfang des zwölften Jahrhunderts in ihren werthvollen selbständigen Nachrichten zur deutschen Reichsgeschichte.

Reval, den 15./27. November 1862.

Dr. E. W.

Jahrbücher von Magdeburg.

Weil die 193. Olympiade, das erste Jahr der Fleischwerdung des Herrn der Anfang unsers Heils ist, machen wir hier den Anfang im Schreiben der Annalen. Denn dies ist das geheimnißvolle Jubeljahr, dies ist das Jahr der wahren Sündenvergebung, in dem die Fülle der Zeit gekommen ist; dies die Mitte der Jahre, von der der Prophet [Habakuk 3, 1] sagt: „In der Mitte der Jahre lässest du es kund werden und wirst im Zorn der Barmherzigkeit gedenken."

Der Erzengel Gabriel grüßt die Jungfrau und kündigt ihr die künftige Geburt an. Doch ist es nicht nöthig, über das Gespräch zwischen dem Engel und der Jungfrau mehr zu schreiben, weil Jeder dies kennen muß. Wer es aber nicht kennt, der wird auch nicht gekannt werden.

Oktavianus u. s. w.

---

781. Als König [Karl von Italien] in die Heimat zurückgekehrt war, kam er in der folgenden Zeit nach Sachsen und theilte es in acht Bisthümer, nämlich Bremen, Halberstadt, Hildesheim, Verden, Paderbrunn, Minden, Münster und Asenbrugg [Osnabrück] und setzte die Grenzen für dieselben Bisthümer fest; er baute auch dem heiligen Märtyrer Stephan an dem Orte, der Seliganstive[1] heißt, ein Kloster, welches nachher in den Ort verlegt wurde, der Halberstadt genannt wird, wo jetzt der Bischofssitz

1) Heute Osterwiek.

ist, und die Förderung desselben überließ er dem Bischofe Hildegrim von Chalons, welcher der Bruder des heiligen Bekenners Liudger war.¹

836. Ankunft des heiligen Vitus zu Neu-Korvey in Sachsen.²
849. Liuderich der dritte Erzbischof von Bremen stirbt.
886. Bischof Hildegrim [von Halberstadt] stirbt und ihm folgt Aiulf.
916. Reinward der Erzbischof von Bremen stirbt.
929. Otto der Große gab seiner Gemahlin Edith unter andern Geschenken die Stadt Magdeburg zur Morgengabe, welche jetzt die Hauptstadt von Sachsen ist, damals aber der Halberstädter Diözese unterworfen war.
938. In dieser Zeit hat der genannte König auf Antrieb und Bitten seiner frommen Gemahlin der Königin Edith in der Stadt Magdeburg eine königliche Abtei gegründet. Doch halten wir es nicht für überflüssig, bevor wir von dieser Gründung ausführlich sprechen, mit kurzen Worten von der Gründung einer so berühmten Stadt und woher sie diesen Namen Parthenopolis oder Magdeburg empfangen habe, nach der Ueberlieferung der Alten zu handeln. Als nämlich jener mächtige Cäsar, welcher nach der Abkunft seines Geschlechtes von Julus, dem Sohne des Aeneas, Julius zubenannt war, in Rom mit Crassus und Pompejus zur Würde eines Diktators erhoben die Aufgabe erhalten hatte, das ganze Gallien mit seinen drei Theilen dem römischen Reiche mit den Waffen zu unterwerfen, hat er bei seiner Ankunft im Lande des ihm übergebenen Volkes, theils um sicherer mit dem Heere ausruhen zu können, theils um die herumwohnenden Stämme leichter im Zaume zu halten, an passenden Orten mehrere Städte gegründet, von denen er einige mit einem Walle von Erde und Holz, die meisten sogar mit umfassenden Mauern zu befestigen sich bestrebte, so sehr die eifrig herbeiziehende Menge in der Eile der Arbeit es vermochte. Unter diesen gründete er nicht die unbedeu-

---

1) Vgl. den sächsischen Annalisten und die Quedlinburger Annalen.
2) Sächs. Annalist zu 826. 836. und Pöhlder Annalen zu 835.

tendste zur Ehre der Diana, welche bei den Heiden in thörichtem Wahne für eine Göttin der Jungfräulichkeit gehalten und deshalb von parthenu, was im Griechischen Mädchen bedeutet, selbst parthena genannt wurde, — und so benannte er die Stadt nach der parthena d. i. Diana Parthenopolis d. i. die Stadt der parthena. Das bezeugt auch der barbarische Namen, weil Magadeburg etwa Mädchenstadt heißt. Derselbe Cäsar errichtete noch in der Stadt, wie erzählt wird, am Ufer des Elbflusses einen Tempel oder besser ein Götzenhaus derselben Diana, wo er mehrere Mädchen zur Erfüllung des Aberglaubens weihte und Opfer für die Göttin bestimmte, welche die Nachwelt abgehalten hat. Als nun nach Verlauf vieler Jahre Karl der Große das Scepter des Reiches in großer Kraft führte und, wie wir an seiner Stelle ausführlicher angeführt haben, das durch die beständigen Kriegsstürme unterworfene Sachsen zum Glauben an Christus bekehrt hatte, zerstörte er die Altäre dieses Götzenhauses und ließ daselbst ein Bethaus des ersten Märtyrers Stephan weihen und unterwarf die Stadt selbst der Halberstädter Diözese. Indem aber der genannte Elbfluß im fortwährenden Anprall das Ufer bis an die Wände der Kirche untergrub, stürzte sie endlich ein und an ihrer Stelle erbauten die armen Leute die ganz kleine Kirche, welche wir heute noch erblicken. Jedoch da der genannte Kaiser Otto der Große, welcher keinem unter Allen, die seit den Zeiten Karls das Scepter Roms führten, nachstand[1], ein Denkmal seines Ruhmes hinterlassen wollte, das von den Geschlechtern nicht allein seiner, sondern auch der zukünftigen Zeit gefeiert sein sollte, legte er den neuen Grund zu dieser Stadt, zugleich als Einzahlung auf die Vergeltung in der Ewigkeit. Denn er beabsichtigte, daselbst einen Bischofssitz zu machen, konnte aber den Theil der Parochie, welcher zur Halberstädter Kirche gehörte, von Bernhard, dem Bischofe dieser Kirche, so lange derselbe lebte, nicht erlangen. Daher hat er daselbst, wie wir sagten, eine königliche Abtei gegründet zur Ehre des heiligen Apostelfürsten Petrus und des

---

[1] Nulli inter omnes Romana sceptra gerentibus (sic!) secundus.

Mauritius, des trefflichen Anführers der Thebäer und seines würdigen Zeitgenossen, des Streiters Innocentius, dessen Leib der König der Burgundionen Rodulf ihm und der Königin als Geschenk übersandte, eine königliche oder besser eine göttliche Gabe. Auch hat der schon genannte ruhmreiche König Otto einen sehr großen Theil vom Leibe des heiligen Mauritius und einiger seiner Genossen mit zahlreichen Reliquien von Aposteln, Bekennern und Jungfrauen, die Märtyrer geworden, im selbigen Jahre am 21. September in jene Stadt übertragen. Der Abtei aber setzte er den ehrwürdigen Anno vor, welchen er aus dem Kloster des heiligen Maximin zu Trier nahm, von wo er auch andere Brüder überführte, welche an Zahl und Heiligkeit genügten, die Beobachtung der klösterlichen Strenge aufrecht zu halten. Nachdem dieser Herr Anno die Abtei tüchtig geleitet — wie viele Jahre lang, konnten wir nicht finden — wird er zum Wormser Bischofe erwählt und an seiner Statt Othwin in der Abtei eingesetzt.

939. Kaiser Otto gründete die Bisthümer Brandeburg und Havelberg und beschloß, sie dem Mainzer unterzuordnen.

950. Nachdem damals Richgow der Bischof der Stadt Worms gestorben, folgte ihm der ehrwürdige Anno, der erste Abt von Sankt Mauritius in Magdeburg, und an seiner Statt wird Othwin in der Abtei eingesetzt.

952. [Herzog Liudolf überredete den Erzbischof Friedrich und alle Fürsten, welche zur Hand waren und welche er bei sich behielt] mit Worten und königlichen Geschenken, gegen den König sich zu empören.

953. Da die Baioarier aber dem Könige nicht zu widerstehen vermochten — denn kurz zuvor waren sie von den Ungarn im Kriege nicht wenig geschädigt worden — bitten sie um Frieden und Waffenstillstand, um Gelegenheit zu erhalten, über sich Rechenschaft abzulegen. Daher wird bis zum 16. Juni Frieden geschlossen und eine öffentliche Versammlung angesagt, die dann in Kurina[1] stattfinden soll.

1) Widukind: „Einna", d. i. Langenzenn bei Nürnberg.

961. Unter der Regierung des allergnädigsten Kaisers Otto, im 25. Jahre seines Königthums, ward in Gegenwart der Sendboten des allgemeinen Papstes Johannes, nämlich des Archidiakons der heiligen römischen Kirche Johannes und des Protoskriniars Azo, und dreizehn Bischöfe, welche ihn gegen das harte Wüthen, das Berengar und seine Söhne gegen den Befehl der geistlichen Gewalt ausübten, herbeiriefen, [zu Weihnachten dem genannten ruhmreichen Könige der Leib des heiligen Mauritius und einiger seiner Genossen wie auch Reliquien von sehr vielen Heiligen, nämlich Aposteln, Märtyrern, Bekennern und heiligen Jungfrauen in Regensburg überbracht.[1]

962. [Berengar und seine Gemahlin Willa] nimmt er mit Gottes Hülfe bald gefangen; — so wird er Besitzer von ganz Italien.

In demselben Jahre wurden die Reliquien der heiligen Märtyrer Fabianus, Eustachius, Pantaleon, Hippolytus, Eugeus, Miniates und Valens und der Leib der heiligen Jungfrau Laurentia vom genannten Kaiser der Stadt Queblinburg überschickt und daselbst voll Glauben empfangen.[2]

963. Inzwischen ging Adalbert, des oben erwähnten Königs der Longobarden Berengar Sohn, nachdem er überall umhergeirrt, endlich um sich zu schützen nach Korsika und forderte den römischen Papst theils persönlich, theils durch Unterhändler vielfach zu seiner Unterstützung auf. Zuletzt von Bitten und Geschenken besiegt, vergaß derselbe Papst Johannes den schon lange dem Kaiser geleisteten Treuschwur. [— — Adalbert aber kehrt nach Korsika zurück] indem er vorläufig dem Kaiser verborgen zu bleiben wünschte.

965. Derselbe gottesfürchtige König [Otto] sandte auch den Leib der heiligen Jungfrau Justa mit Ehren nach Sachsen.

968. Die treffliche Königin Machtild, die Mutter der Kaiser, der Großen und Fürsten Herrscherin, der Armen und Bedürftigen Trösterin, die Erbauerin von Klöstern, wurde am 14. März den

---

1) Vgl. den sächsischen Annalisten. 2) Vgl. daselbst 962.

von ihr bisher um Christi willen mit Muttermilch ernährten Schafen dem Leibe nach genommen. Mit frommen Bestrebungen sehr geziert, hat sie — um aus Vielem Weniges hervorzuheben — von Gottesfurcht erfüllt, das Kloster der heiligen Bekenner Dionysius und Servatius erbaut, welches auf dem Quedlinburger Berge liegt, ein zweites in derselben Stadt auf dem Königshofe zur Ehre des heiligen Apostels Jakob und des Bekenners Witbert, ein drittes für die heilige Gottesmutter Maria in Northusun, ein viertes in Aggeri [Engern] dem heiligen Dionysius, ein fünftes in Polithi [Pöhlde] wieder dem heiligen Servatius. Und obwohl sie die Verhältnisse aller Kirchen, welche sie entweder durch Boten besehen lassen oder persönlich besuchen konnte, nach Kräften und mit aller Macht zu unterstützen sich bemühte, so ließ sie doch nicht ab, jene Klöster, welche wir eben nannten, mit allem Nützlichen zu pflegen, gleichsam mit innigerer Zuneigung und als wenn sie besonders zu ihr und ihrem Ruhme gehörten.[1]

[In demselben Jahre schied der ehrwürdige Bischof Bernhard [von Halberstadt] aus dem irdischen Lichte und an seiner Statt wird der Knecht Gottes Hildiward von der Geistlichkeit und allem Volke zugleich erwählt und zur bischöflichen Würde erhoben] ein Mann von größter Keuschheit und Liebe und löblich in der über menschliches Maß gehenden Tugend der Demuth und Gebuld. —

Die Gemahlin des Grafen [Liuthar II. von Walbek] hieß Machthild, welche ihm zwei Söhne gebar, Sigifrid und Werinhar. Mit Sigifrid wurde Kunigund vermählt, die Schwester Heinrichs, Sigifrids und Udos [von Stade], welche im Kampfe zur See gegen die Northmannen besiegt und gefangen wurden.[2] Diese gebar ihrem Manne fünf Söhne: Thietmar, Sigifrid, Bruno, Heinrich und Fritherich. Von diesen standen zwei, nämlich Sigifrid und Bruno, der Abtei des heiligen Täufers Johannes in Magdeburg vor; nachher aber wurde Sigifrid Bischof der Münsterischen Kirche, Bruno der Verdener und Thietmar der Merse-

1) Vgl. sächs. Annalisten. 2) Vgl. die Quedlinburger Annalen 994.

burger. Heinrich aber erhielt die Grafschaft des Vaters und Fritherich verwaltete die Vogtei in Magdeburg.[1]

969. Das Erzbisthum Magdeburg wird von dem allerchristlichsten Kaiser Otto gegründet, im 30. Jahre seines Königthums, im 6. aber seines Kaiserthums, und zum ersten Bischofe daselbst wird Adalbert verordnet, welcher früher den Russen zur Predigt geschickt kaum ihnen entgangen war. Weil wir nun im obigen Theile dieses Werkchens von der Gründung jener so sehr berühmten und berufenen Stadt, so gut wir konnten, gesprochen haben, glauben wir, daß es zum Besten der Leser dienlich sei, auch etwas von der Gründung des Erzbisthums in derselben Stadt zu sagen. Nämlich gerade im Jahre 967 der Fleischwerdung des Herrn, unter der Regierung des erhabenen Kaisers Otto, des besorgten Verbreiters des christlichen Glaubens und der Knechtschaft Gottes, wurde auf Betreiben desselben Kaisers eine Synode zu Ravenna in der Vorstadt abgehalten in der Kirche des heiligen Bekenners und Bischofs Severus, wo der oberste und allgemeine Papst Herr Johannes und viele Bischöfe aus Italien, Germanien und Gallien zur Verhandlung über die Verhältnisse der Kirche Sitzung hielten und auch eine unzählige Menge Geistlichkeit und Volks zugegen war. Daselbst[2] hat nun der allergnädigste erhabene Kaiser Otto, welcher diese Synode zum gemeinen Besten seines Reiches versammelt hatte, vor Allen erzählt, wie er viele Völkerschaften der Slaven jenseits des Flusses Elbe an der Grenze Sachsens mit vieler Mühe und oft unter sehr großen Gefahren zu Christus bekehrt habe; und er fragte die heilige Synode um Rath, mit welchem Schutze und mit welcher Obhut und täglichen Sorge sie im Glauben befestigt werden sollten, da sie roh und noch nicht fest waren, indem er bat, daß die Nachlässigkeit der Hirten das, was er selbst mit dem größten Eifer für Gott erworben hatte, nicht wieder zum Unfläthigen zurückkehren lassen möchte. Seine würdige Erzählung und ein so großes Bekenntniß des Glaubens nahm die heilige Synode mit wohlwollendem Ohre auf und in-

1) Vgl. den sächsischen Annalisten 998. 2) Für idem ist wohl zu lesen ibidem.

dem sie Gott in Allem Dank sagte, erklärte sie und beschloß als
recht, daß so viele slavische eben zu Gott bekehrte Völker nur
durch Bischöfe, welche an passenden Orten in einer jeglichen Pro=
vinz gemäß der Zahl des Volkes und einer vernünftigen Eintheilung
des Landes einzusetzen seien, in jener Beziehung belebt und erzogen
werden könnten. Damit aber die Konsequenz in der Ausführung
größer und die Gelegenheit für die Weihe der Bischöfe sicherer
sei, beschloß sie nach allgemeiner Erwägung, ihnen einen Erz=
bischof zu bestimmen und vorzusetzen, bei dem sie ihre Geschäfte
und Streitigkeiten, wenn solche entstehen sollten, gleichsam als bei
ihrem Haupte anzubringen und zu erörtern vermöchten; und zwar
fällte sie den Spruch, daß dies durchaus nach dem Urtheile und
Ermessen desjenigen geschehen müsse, auf welchem nächst Gott am
meisten die Hoffnung den Glauben herzustellen und zu kräftigen
beruhte. Es giebt eine Stadt in der Parochie des Halberstädter
Bisthums Namens Magdeburg, auf der Grenze der Sachsen und
Slaven, am Ufer des obengenannten Flusses Elbe, in welcher
derselbe allergnädigste Kaiser eine Menge Volks sammelte, Kirchen
erbaute, und, indem er die Leiber sehr vieler Märtyrer, nämlich
des heiligen Mauritius und Innocentius, und anderer unzähliger
Heiligen übertrug und daselbst Gott dienende Kanoniker einsetzte,
zu ihrem Unterhalte und zum Nutzen der Kirche Schlösser, Dörfer,
Güter und Zehnten mit der sämmtlichen Umgegend reichlich aus
seinem Eigenthum schenkte. Daher gefiel es Allen, daß in der
vorgenannten Stadt Magdeburg der erzbischöfliche Sitz sei, weil
diese auf der Grenze der Slaven, wie wir oben sagten, günstiger
der Lage nach schien und der Wunsch des Kaisers sie zu fördern
größer war. Der Kaiser, durch Bitten und den Willen Gottes
hierzu bewogen, gehorchte dem Beschlusse der heiligen Versamm=
lung und hielt für gut, daß derselbe durch ein Privileg des apo=
stolischen Stuhles bekräftigt würde, welches auch gegeben und vom
Papste und allen Bischöfen Italiens, Galliens und Germaniens,
welche anwesend waren, mit ihren eigenen Unterschriften bestätigt
wurde. Weil indessen der Halberstädter Bischof bei dieser Synode

nicht erschienen war, beschloß man, den Abschluß der Sache bis auf seine Ankunft zu verschieben, damit er selbst die Stadt von der Pflicht des Gehorsams löse, und daß dann erst das Privileg und die Unterschrift gültig sein sollte. Nachdem nun ein und ein halbes Jahr verstrichen und der Mainzer Erzbischof Hatto mit dem obengenannten Hildeward, nämlich seinem Suffragan, dorthin gekommen war [968] und der Kaiser jene in der genannten Sache mit Schmeicheleien und Bitten anging, da gab Bischof Hildeward sowohl mit Beistimmung des Erzbischofs als auch nach dem Rathe aller Anwesenden bereitwilligen und fröhlichen Sinnes der frommen Bitte desselben nach und, indem sogleich nach unparteilicher Schätzung ein Tausch gemacht ward, übergab er nach dem Beschlusse der Synode dem heiligen Mauritius von Magdeburg und dem heiligen Laurentius von Merseburg alles Geforderte, d. h. die ganze Parochie, welche zwischen den Flüssen Elbe, Saale, Hora [Ohra] und Bode liegt, bis dahin, wo die Schlösser Unnesburch [Hundisburg], Wanzleva und Horterslera[1] mit allem Zubehör und den Dörfern, welche „Burgwart" genannt werden, nach Westen zu von einer mehr vorgeschobenen Grenze begrenzt werden, mit dem ganzen Zehntrecht, Bann, Unterthänigkeit, Gehorch und jeglicher kirchlicher Würde, wie die Halberstädter Kirche bis dahin besessen zu haben schien. Als Ersatz aber empfing sie vom Kaiser auf ihren Theil und zum Nutzen ihrer Kirche das ganze Zehntrecht im Hosgau, soweit er begrenzt wird von den Flüssen Saale, Willerbike und Wipper, mit allen Besitzlichkeiten, welche derselbe Kaiser durch billigen Tausch von der zur Ehre des heiligen Wikbert im Gebiete von Herolvesfelt erbauten Abte erworben hatte, deren Gründer er selbst war. Um diesen Austausch aber zu bestätigen, haben auf Befehl des obersten und allgemeinen Papstes Herrn Johannes und des erhabenen Kaisers Otto, auch auf Bitte des Halberstädter Bischofs Hildeward der Pfalzkanzler Ambrosius und Petrus der Erzbischof der heiligen

---

1) In den Synodalbeschlüssen heißt der Ort Hoeldesleva, in der Magdeburger Chronik Ottersleve.

Kirche von Ravenna und noch sehr viele Andere von den Bischöfen Italiens und Germaniens ihre Unterschrift darunter gesetzt, deren Namen wir uns auch auf vorliegendem Blatte anzumerken bestrebten. Hatto Mainzer Erzbischof ist dabei gewesen und hat unterschrieben. Hildeward Halberstädter Bischof ist dabei gewesen und hat unterschrieben. Reginold Bischof der Rubiloner [Eichstädter] Kirche. Adalbert Bischof der Rugen [Russen] ist dabei gewesen und hat unterschrieben. Alberisus Bischof der Tarvisianer [Trevisaner] Kirche. Lantward Bischof der Mindener Kirche. Everacrus Bischof der Lütticher Kirche. Teupert Bischof der Feltrer Kirche. Gauslin Bischof der Patavianer [Paduaner] Kirche. Sichelm Bischof der Florentiner Kirche. Adalbert Bischof der Bononienser [Bologneser] Kirche. Arnad Bischof von Forlimpopoli.[1] Johann Bischof von Imola. Ingizo Bischof der Castellaner Kirche. Martin Bischof der Kirche von Sutri.[2]

Nachdem dieses also vollbracht war, wurde der Kaiser sehr froh und nicht weniger sorgsam in dem, was nach Gottes Willen noch zu vollbringen war, ließ er den Richar, den dritten Abt des Magdeburger Klosters, herbeiholen und wollte in Gegenwart der Bischöfe Anno von Worms und Othwin von Hildesheim, welche damals bei ihm verweilten, daß jener das bischöfliche Amt verwalte mit Vertauschung seines Sitzes; aber das haben gewisse Leute nach einem geheimen Plane, und ein Brief, welcher wegen dieses Geheimnisses dem Kaiser überbracht wurde, verhindert. Indem jener, als er sich einer so großen Ehre beraubt sah, es mit wenig Gleichmuth ertrug und dem Kaiser unter jeder Bedingung entgegenzutreten beabsichtigte, um ein so heiliges Vorhaben zu hindern, hat er, von kurzer Krankheit befallen, das Irdische mit dem Himmlischen vertauscht, damit nicht Bosheit seine Einsicht veränderte, und im Wechsel des Sitzes folgte ihm Herbing, der in derselben Genossenschaft erzogen und erwählt worden. Also wird die Abtei auf den in der Vorstadt selbiger Stadt gelegenen Berg versetzt und zum Dienste des heiligen Täufers Jo-

---

1) Zwischen Forli und Cesena. 2) episcopus fratres ecclesiae.

hannes bestimmt, in welchem sie sich auch jetzt befindet und noch lange und glücklich befinden möge.[1] Auch hinterließen die Mönche den für sie eintretenden Geistlichen viele Kostbarkeiten an Büchern und andern Dingen, welche daselbst durch die Gaben des Kaisers und ihre eigene Emsigkeit zusammengebracht waren. Und da ihr Herz wegen dieser Auswanderung nicht mit Unrecht von Traurigkeit bedrückt war, fügte der Kaiser ihnen zum Troste nicht geringe Geschenke an Land aus seinem Erbgute hinzu und bestimmte, daß sie an jeglichem Orte, wo sie mit den Kanonikern auf einer Station[2] zusammenträfen, auf der rechten Seite den vornehmsten Platz einnehmen sollten, aber daß sie auch außerdem, wenn jährlich der Tag ihrer Versetzung wiederkehre, welche am 9. August, d. h. am Abende vor dem Tage des Leviten Laurentius des Feuerbesiegers geschah, mit nackten Füßen in trauernder Prozession ihren Sitz besuchen und eine Messe feiern sollten, damit, so lange bei den Kanonikern wie bei den Mönchen das Andenken an jenen Vorgang unverwischt bleibe, sie auch ungetrennte Liebe vereinige, so daß jene diesen gleichsam als den ursprünglichen Vätern ihrer Kirche mit aller Ehrerbietung zuvorkämen und ihnen durch volle Ehrfurcht mit nicht unbilliger Vergeltung ersetzten, was die Glieder dem Haupte schuldig sind oder der Erbe dem Erblasser.[3] Der aber, welcher einen so klugen Plan ersonnen, hat sich darin nicht getäuscht, wie einem Jeden, der es wissen will, bis heute offenbar ist. In dieser Zeit gab es einen Mann von großem Rufe und Verdienste, Adebert, der schon längst aus dem Kloster des heiligen Maximin zu Trier genommen und zum Bischofe geweiht, wie wir im Obigen zum Theil erzählt haben, den Rugen [Russen] zur Predigt geschickt gewesen war. Aber das wilde Volk mit harter Stirne und unbezähmbarem Herzen trieb ihn aus seinem Lande, die Botschaft des Friedens verachtend, weil nach Gottes

---

1) Heute Kloster Bergen. Vgl. den sächsischen Annalisten zu 969.
2) Halteplatz einer Prozession.
3) Quod etiam testator heredi. Der Sinn fordert quod etiam testatori heres, wie ich es übersetzt habe.

Vorsehung ihm in unserem Lande ein neu gewonnenes Volk über=
geben werden sollte.

970. [968] Daher setzte der Kaiser den genannten Adelbert, welcher er von der Wizinburger Abtei nahm, die derselbe leitete, über die vorerwähnte Kirche als einen in Allem würdigen und im Priesterthume bewährten Mann, und sandte ihn mit einem Briefe über seine Würde, um vom apostolischen Stuhle das Pallium und Privilegium zu empfangen.[1] Der Papst Johann, dieses Namens der dreizehnte, in der Reihe der römischen Päpste aber der 136ste, nahm ihn sehr wohlwollend auf und da er über den frommen Eifer, welchen der ruhmreiche Kaiser in der Aus= breitung des Gottesdienstes hatte, erfreut war, gab er deshalb den gerechten Bitten desselben nach und beschloß nach apostolischer Machtvollkommenheit, daß jener und seine Nachfolger Erzbischöfe sein sollten. Auch als er demselben zur Abhaltung der Feierlich= keit der Messe das Pallium gab, hing er von übergroßer Liebe getrieben es selbst ihm um am 18. Oktober, d. h. am Feste des heiligen Evangelisten Lukas; und durch ein Privilegium des apo= stolischen Amtes bestimmte er und bestätigte, daß jener in allen kirchlichen Würden den Vorrang habe vor allen Erzbischöfen der Kirchen, welche in Germanien verordnet sind; daß er in Allem an Ehre den Erzbischöfen von Köln, Mainz und Trier in Gallien ähnlich sei, das Zeichen des Kreuzes vor sich her tragen lasse, und unter den Kardinalbischöfen des römischen Stuhles Sitz habe; daß er außerdem Kardinäle nach Art der heiligen römischen Kirche weihe, zwölf Presbyter, sieben Diakone, vierundzwanzig Subdia= kone, welche beim Dienste am Hochaltare täglich mit Ausnahme der Fasten sich der Dalmatiken und der Festsandalen bedienen dürften; daß die Presbyter und die Aebte vom heiligen Täufer Johannes Tuniken anziehen und, sie und die Bischöfe ausgenom= men, Niemand irgendwie wagen sollte, am Altare, welcher zur Ehre des heiligen Mauritius geweiht sei, Messe zu halten. Außer= dem bestimmte er ihn zum Metropoliten des ganzen Volkes der

---

1) Vgl. den sächs. Annalisten zu 968 und Thietmar II. Kap. 14.

Slaven jenseits der Saale und Elbe, soweit es damals schon zu Gott bekehrt war oder noch bekehrt werden würde, und daß nach dem Wunsche des Kaisers in denjenigen Städten, in welchen ehemals der Aberglaube heidnischer Gebräuche am meisten blühte, nämlich in Cizi [Zeitz], Misni [Meißen], Merseburg, Brandenburg, Havelberg und Poznani [Posen] zur Ehre des Herrn Bisthümer zu gründen seien, deren Hirten nach dem kanonischen Rechte sich mit der Pflicht der Treue und Unterwürfigkeit zu dem Magdeburger Erzbischofe gesellen sollten. Nachdem dieses und anderes, was die daselbst noch aufbewahrten Privilegien bezeugen, nach dem Beschlusse der Synode geordnet und unter Androhung Gottes und des apostolischen Namens bestätigt worden, ward der genannte Erzbischof mit den Legaten der römischen Kirche, nämlich dem Bibliothekar Bischof Wido und dem Kardinal Benedikt, welche mit dem Halberstädter Bischofe Hildiward ihn auf seinem Stuhle inthronisiren sollten, entlassen und kehrte froh zum Kaiser zurück, der ihn ebenfalls erfreut, weil er seines heiligen Wunsches theilhaftig geworden, mit Empfehlungsbriefen nach Magdeburg schickte. Daher empfingen ihn die Bischöfe, Markgrafen und die übrigen Fürsten Sachsens, welche nach dem Befehle des Kaisers dorthin zusammengekommen waren, mit Ehren und setzten ihn, als er durch Zuruf und Handaufheben erwählt war, mit den genannten Legaten des apostolischen Stuhles unter feierlichen Gebräuchen auf den Thron. Unter den freudigen Anwesenden war jedes Geschlecht und jedes Alter, überhaupt war allgemeiner Jubel. Daselbst hat selbiger Erzbischof zur Bestätigung seiner Würde in Gegenwart derselben Herren, welche mit ihm Weihnachten feierten, den Mönch Bojo für die Merseburger, Burchard für die Meißner und Hugo für die Zeitzer Kirche zu ersten Bischöfen geweiht und Adelbag als ersten Propst an der Magdeburger Kirche eingesetzt. Auch die Bischöfe Dudo von Havelberg und Dudelin von Brandenburg, welche früher zwar dem Mainzer Erzbischofe unterworfen gewesen, aber damals auf Betrieb des Kaisers von dem ihm schuldigen Gehorsam befreit worden waren, versprachen mit ihren vorgenannten Mitbrüdern Treue und Unterwürfigkeit der Magdeburger Kirche und ihrem Erzbischofe. Der Kaiser Otto aber seligen Andenkens selbst war der Begründer aller dieser bischöflichen Sitze, welche er dem [Erz]bisthum unterworfen hatte, indem er vorzüglich wünschte, daß Gott der Erbe seines allerdings unendlichen Erbgutes sei, aber doch auch nicht Weniges den nach= folgenden Söhnen hinterließ. In der Feier also eines solchen und so großen Festes über den Aufgang des obersten Königs wie auch über die unerhörte Vermehrung seines Volkes und Dienstes freute sich die Schaar der Magdeburger und die Masse der Für= sten besingt den vom höchsten Fürsten gesandten Fürsten und seinen Ruhm, da hier die Hirten der Kirchen um eine löbliche Zahl vermehrt worden: gelobt wird der Hirte, der Schöpfer Aller!

971.[1] In demselben Jahre haben Gero der Erzbischof der heiligen Kölner Kirche und sein Bruder Markgraf Thietmar die Kirche der heiligen Gottesmutter Maria in Thankmaresfeld ge= gründet und einen Theil ihres Erbgutes den Brüdern mönchischen Standes, welche daselbst Gott dienen sollten, übergeben. Als aber hiernach fünf Jahre verlaufen waren, wurde der mönchische Dienst von demselben Orte in ein Kastell Namens Nigenburch[2] versetzt, welches auf dem Ufer des Flusses Saale im Gau Nordthüringen liegt. Denn denen, welche dort Christo dienten, und mehreren Christgläubigen schien die Rauhigkeit jenes Ortes und Unbequem= lichkeit jeder Art hinderlich zu sein. — Weil wir von den Ver= diensten eines so großen Priesters [Geros von Köln] wenig gesagt und noch mehr mit Stillschweigen bedeckt haben, da wir uns der Kürze befleißigen, halten wir es für gut, hier von seinem Tod ein nicht wenig staunenswerthes großes Wunder anzuführen. Seinen Tod verkündete der Teufel[3] u. s. w.

971. Der Kaiser feierte Weihnachten [970] in Rom

1) Vgl. den sächs. Annalisten zu 970 und 975.
2) Mülnchen=Nienburg am Zusammenflusse der Bode und Saale.
3) Folgt die Erzählung aus Thietmar III. Kap. 2.

Ostern [971] in Ravenna. In demselben Jahre brannte der prächtige Tempel in Thornburg [Dornburg] ab mit den königlichen Schätzen.[1]

972. Weil Otto der erhabene Kaiser der Römer für seinen einzig geliebten Sohn Otto, welcher den Beinamen „der Rothe" hatte, in diesen Ländern keine einer so hohen Verbindung würdige Frau zu finden wußte, außer in seiner eigenen Verwandtschaft, mit der man sich durchaus nicht verehelichen durfte, so sandte er nach Griechenland und ließ eine Griechin, welche dem Kaiserhause sehr nahe stand, eine durch Geist ausgezeichnete[2], beredte und sehr schöne Konstantinopolitanerin Namens Theophanu zu Ostern nach Rom bringen und feierte die königliche Hochzeit mit königlichem Pompe, und als die Hochzeit ordentlich vollzogen war, verband er acht Tage nach Ostern unter glücklichen Vorbedeutungen die Schwiegertochter mit dem Sohne unter dem Beifalle aller Großen Italiens und Germaniens.[3] In derselben Zeit war der allergnädigste Kaiser, obwohl in irdische Sorgen verwickelt, dennoch bemüht, des himmlischen Königs und Herrn Verehrung oder Dienst an vielen Orten und besonders in seiner geliebten Stadt Magdeburg mit aller Anstrengung zu erweitern, indem er in dieselbe Stadt von Italien her viele Leiber von Heiligen durch seinen Kapellan Dodo schickte. Indem er also unablässig eifrig für die Ehre genannter Stadt sorgte, zeigte er deutlich, daß sie ihm die liebste war, weil er sie vor Allen zu erhöhen und zu schmücken suchte mit Reichthümern und Ehren, und zwar zu einer Zeit, als er dadurch, daß sie wenn auch nur wenig befleckt worden, höchlichst beleidigt war. Als er nämlich aus Sachsen fortzog, um längere Zeit in Italien zu verweilen, hatte er das Land dem tüchtigen Herzoge Hermann an Königs Statt zu regieren anvertraut. Dieser Hermann wurde auf einer Versammlung, die er nach Magdeburg berufen, von dem Erz-

---

1) Vgl. den sächs. Annalisten.
2) Grecam illustrem', imp. stirpi proximam, ingenio facundam etc. — illustrem muß zu ingenio gesetzt werden, in welcher Verbindung es auch bei dem sächsischen Annalisten steht. 3) Vgl. den sächs. Annalisten zu 972.

bischofe wie der Kaiser empfangen[1] und an der Hand in die Kirche geführt, wo die Lichter angezündet waren und alle Glocken läuteten. Der Graf Heinrich von Stade aber, welcher einem so großen Uebermuthe sich widersetzen wollte, vermochte es zwar für den Augenblick nicht, aber da er auf Befehl des Herzogs zur Strafe für die Beleidigung seine Reise antrat, kam er über die Alpen zum Kaiser. Weil er fürchtete, bei diesem verklagt zu sein, warf er sich auf den Boden und bemühte sich ihn zu versöhnen und erzählte, weshalb er befürchte, bei ihm anstößig zu sein und aus welchem Grunde ihm befohlen sei zu kommen. Dem Kaiser, der sorgsam nach vielen Dingen in Betreff des Zustandes Sachsens und besonders seines lieben Magdeburgs forschte, meldete er das Einzelne, sowohl vom Empfange des Herzogs als auch wie dieser in der Mitte der Bischöfe dort am Tische gesessen am Platze des Kaisers. Höchlichst darüber erzürnt, nahm der Kaiser es sehr übel, daß irgend ein Laie mit Ausnahme des Kaisers in der von ihm mit solcher Freigebigkeit erhöhten Kirche durch den Erzbischof empfangen worden war, obwohl er denselben Herzog wegen seiner Tüchtigkeit und Vortrefflichkeit vor Andern stets geliebt und ihn deshalb über seine eigene Heimat, wie wir sagten, an Königs Statt gesetzt hatte. Um deshalb für die Zukunft eine derartige Anmaßung durch ein denkwürdiges Beispiel seines Willens zu verhindern, befahl er demselben Erzbischofe schriftlich, er solle zur Ausgleichung jenes Vergehens so viele Pferde ihm schicken, als er Glocken läuten und Kronleuchter habe anzünden lassen. Der Erzbischof aber, welcher den Befehl erfüllte, gab durch diesen Verlust bei seiner Buße den Späteren ein Beispiel und bemühte sich, auf alle Weise den erzürnten Kaiser zu besänftigen. Der genannte Graf Heinrich aber sicherte sich die Gnade des Kaisers, welche durch den Beweis seiner Treue gewachsen war, und mit einer goldenen Kette von ihm beschenkt, zog er mit Ehren heim.[2]

1) Vgl. unten 1135.
2) Diese Erzählung ist eine Bearbeitung des Berichts, welchen der Enkel des Grafen von Stade, Thietmar von Merseburg, Buch II. Kap. 18. giebt.

973. Nachdem aber der Kaiser Otto selbst ruhmreich über die Völker Italiens, ja ganz Europas triumphirt und des römischen Reiches Würde vortrefflich erhöht hatte, wie der oben erwähnte Papst Johannes bezeugt, von welchem er der Erhabenste der Erhabenen[1], der dritte nach Constantin und Karl genannt worden ist, — als dieser, sage ich), endlich das geliebte Sachsen wiedersah, feierte er den ersten Palmsonntag [16. März] nach der Einsetzung des Erzbisthums in seinem Magdeburg (ach, das letzte Fest in seiner Gegenwart!) zusammen mit der verehrungswürdigen Kaiserin Adelheid und seinem Sohne, dem gleichnamigen Kaiser. Festhaltend an den heiligen Gebräuchen pflegte er[2] sich dann an Festtagen von den Bischöfen und allen Geistlichen in feierlicher Prozession zum Abend- und zum Frühgottesdienst und zur Messe geleiten zu lassen, und dort blieb er mit großer Furcht und Achtung des Herrn stehen oder sitzen, ohne von Etwas als von göttlichen Dingen zu sprechen, bis Alles beendet war; dann kehrte er mit vielen Kerzen und einem großen Gefolge von Priestern, Herzogen und Grafen in seine Wohnung zurück. Daselbst nun hat er am Montage, d. h. am 17. März, in der bekräftigenden und geneigten Gegenwart Aller den Reichthum der Kirche mit einer Menge kaiserlicher Geschenke vervielfacht und das, was er damals oder früher übergeben hatte, mit dem schriftlichen Zeugnisse getreuer und zuverlässiger Leute bestätigt, während er (ein unschätzbares Gelübde seiner frommen Absicht!) hiermit gleichsam als mit den Erstlingen kundgab, mit welchen Wohlthaten er in der Zukunft diejenige Kirche zu vergrößern beabsichtigte, welche er, als er sich vorher in Italien befand und durch seinen Kapellan Dodo und Andere viele Heiligenleiber und unzählige Reliquien übersandte, unter dem Schutze derselben erhöht hatte. Darnach ging er zur Abtei Quidelingeburg, welche seine ehrwürdige Mutter Machthild gegründet hatte, und indem daselbst die Gesandten des Polnischen und Böhmischen Herzogs, auch der Griechen, Beneventer, Ungarn, Bulgaren, Dänen und Slaven

---

1) Wegen des Folgenden vgl. Thietmar II. 20.

ankamen, verbrachte er das Osterfest unter de[n]
Fürsten des ganzen Reiches in festlicher Pracht,
Hermanns, des genannten von ihm sehr gelieb[ten]
Sachsen, jenes nicht wenig störte. Nachdem dem
zu Ende gebracht, die Gesandten entlassen und
schenken bedacht waren, und er auf seinem Zuge
in Merseburg¹ die Himmelfahrt des Herrn gefeie[rt]
Versprechen wegen Magdeburgs, welches er a[uch]
erfüllt hatte, kam er am Dienstage vor Pfingst[en]
Minmminleve [Memleben], und als er diesen m[...]
Tag froh verbracht hatte und den Abendgottesdi[enst]
begann er plötzlich schwach zu werden und da[s]
lassen, und nachdem er schnell durch Christi S[...]
worden,

„Als er ermüdet im Dienste zu seligem Ende ge[...]
„wird ihm im himmlischen Reiche der wahre Fri[...]

Also, o Jammer! ging in zu frühem Tode [der

„Otto, der milde und hart das Schwanke zu le[...]

es ging heim, sage ich, jener große und er[...]
Römer von hohem Rufe und gutem Andenken,
Fleischwerdung des Herrn, im 38. Jahre aber s[...]
im 12. seines Kaiserthums, in der ersten Ind[iction]
Jahre, nachdem er das Magdeburger Erzbisthu[m]
seine goldenen Zeiten denkt die heilige Kirche m[...]
mit tiefem Seufzen, wenn sie von Unglück gedr[...]
gegen sich Feinde entstehen sieht und spricht: „[...]

„glücklich war nur die Welt, als Otto das Scep[ter]

Kein König hat Eifer, den Heiden zu bekehren
seinen eigenen Ruhm als Christi Gewinn.
heiligen und großen Kaiser Constantin, nach[...]

1) Vgl. Thietmar II. 27.

Vorbilde des Glaubens, nach dem großen Otto, dem klaren Spiegel göttlichen Eifers, haben Wenige den Ruf und den Ruhm bei Gott und den Menschen, die Heiden zu Christus zu bekehren, begriffen und für unsere Sünden giebt es, wehe! Leute, die den Christen verfolgen, aber beinahe keinen Herrn der Welt, der den Heiden antreibe in die Kirche zu treten.]¹ Die Leiche aber des genannten ruhmreichen Königs Otto ward von dem Kaiser Otto II. seinem Sohn in die Stadt Magdeburg gebracht und von den Erzbischöfen Adalbert und Gero und vielen Andern in einen marmornen Sarkophag gelegt und prächtig da bestattet, wo sein Gedächtniß durch alle Zeiten dauernd nicht vertilgt werden wird. Denn

„dreifacher Grund zur Trauer ist hier im Marmor verschlossen,
„König und Christ war er, herrlichste Zierde des Reichs."

Das Jahr des Herrn 974, das erste Otto's II. Als darnach der erwähnte Otto II., nach der Beschaffenheit seines Gesichts zubenannt „der Rothe", auf dem Throne des väterlichen Reiches saß, sagt Jemand bildlich,

„folgte reinlichem Silber als Erbe ein häßlicher Anblick."²

Denn während Gerechtigkeit und Gericht verachtet wurden, welche die goldene Vorbereitung auf den väterlichen Stuhl gewesen waren, wandten nach dem Tode seines liebenden Vaters Barmherzigkeit und Wahrheit, welche vor dessen Antlitz einherschritten, der Erbe den Rücken, von der überhandnehmenden Ungerechtigkeit verscheucht. Volk erhob sich gegen Volk zum Kampfe und in der Mitte stolzirte des Unheils Zunder die Zwietracht, und das Wüthen und die Erbitterung der Großen gegen einander wurde mit der harten Bedrückung der Kirchen und der Armen bezahlt. Denn des Königs ungezügelte Jugend verachtete die heilsamen Rathschläge der Greisen³, und weil er glaubt, daß Alles, was

---

1) Aus Brunos Leben des heiligen Adalbert.
2) Decolor argento mundi successit imago. Ich lese mundô.
3) Vgl. Thietmar III. 1.

ihm beliebe, erlaubt sei, läuft er, von keinem Lehrmeister geleitet, den Weg des Irrthums. Jedoch waren an ihm die Abzeichen vieler Tugenden, unter denen das Beste seine löbliche Freigebigkeit und Heiterkeit war. Er kam der Noth bald der Vornehmen, bald der Geringen zu Hülfe und erhöhte mit Gütern sowohl als mit Ehren überall die Kirchen Christi. Daher hat er u. A. die Magdeburger Kirche so zu sagen mit einer denkwürdigen Ausstattung sich verpflichtet, indem er ihr die freie Wahl des leitenden Vorstehers verstattete und in dem Privileg derselben Verstattung das Buch aus Gold und Edelsteinen darbrachte, welches sein eigenes und seiner Gemahlin Theophanu Bildniß enthält und daselbst zum Andenken mit Ehrfurcht bis auf den heutigen Tag verwahrt wird. In demselben Jahre entschlief der heilige Bischof Oudhelrich, welcher durch Zeichen und Wunder leuchtete, entzogen dem Elende dieses Lebens, ganz in Christo.

975. Auf Anstiften seiner frommen Mutter Adelheid, unter deren Leitung er lebte, erwarb Kaiser Otto Mimminlevo [Memleben], wo sein Vater seligen Gedächtnisses gestorben, und die Zehnten, welche dem Kloster Hersfeld gehörten, durch rechtmäßigen Austausch, und versammelte daselbst sehr viele tüchtige Diener aus dem Mönchsstande, indem er bestimmte, daß die Abtei, die er überdies mit dem Nöthigen versah, frei sei auf ewig und dies bekräftigte er durch ein päpstliches und durch sein Privileg.[1] In demselben Jahre war ein sehr harter und schlimmer Winter, so daß noch am 15. Mai viel neuerdings gefallener Schnee die ganze Erde bedeckte. Der Mainzer Erzbischof Routhbert starb und ihm folgte Willigis.[2]

976. Der Kaiser feierte Weihnachten in Hernstein, Ostern in Altstibi [Altstädt]. Der Baiernherzog Heinrich lebte seiner

---

1) Vgl. daselbst.
2) Eine Hand des 15. Jahrhunderts fügte hier dem Originale zu: „Zu ewigem Nachtheil der Kirche von Hersfeld und Dhymeleyben begann ein Graf von Orlamunde auf dem Berge in der Nähe [das Schloß] „zu dem Winkelsteyn" zu bauen, welches jetzt Friedrich Ritter von Wiczleyben mit seiner Gattin besitzt. 1457." Vgl. unten zum Jahre 1453 ff.

Macht beraubt und gebannt als ein herumirrender Flüchtling bei den Slaven.

977. Dem Kaiser Otto II. ward von der Kaiserin Theo=
phanu ein Töchterchen geboren, welches er mit dem herrlichen
Namen seiner Mutter der erhabenen Kaiserin zierte, damit es
durch den Schmuck ihres Namens strahlte und durch ihre Ver=
dienste gefördert würde.

978. Herzog Heinrich wurde zusammen mit dem jüngeren
Heinrich Bertolds Sohn bei dem Kaiser verklagt, auf Befehl
desselben in Magdeburg nebst dem Grafen Ekbert gefangen und
in die Verbannung geschickt. Die erlauchte Kaiserin Adelheid
reiste von der Bitterkeit übergroßen Schmerzes im Herzen durch
die Bosheit einiger Aufhetzer verwundet, welche unverschuldete
Zwietracht zwischen ihr und ihrem Sohne säeten, mit ihrer Tochter
der gnädigen Aebtissin Machtild nach Longobardien. In dem=
selben Jahre brach Kaiser Otto mit einem großen Heere in Gal=
lien, welches Karlingien heißt, ein und verwüstete es.

979. Graf Gero[1] hatte in seiner eigenen Stadt, welche
Aleslove [Alsleben] heißt, ein Nonnenkloster zur Ehre des heili=
gen Täufers Johannes gestiftet.

980. Der ehrwürdige Vorsteher der Halberstädter Kirche
Hildiward versetzte das Blut und zwei Glieder des heiligen ersten
Märtyrers Stephan, ein Geschenk des Bischofs Theoderich von
Metz, in die Halberstädter Kirche, wo es mit großer Ehre und
unter Lobpreisung von Geistlichkeit und Volk empfangen und seine
Heiligkeit durch deutliche Zeichen vom Himmel her erwiesen wird.
Es geschah aber diese Versetzung am 9. Mai, im zwölften Jahre
seiner Weihe. Otto, dieses Namens der Dritte und der Letzte
des kaiserlichen Hauses, strahlte bei der Geburt wie eine purpurne
Blume auf dem Grün einer herrlichen Wiese.[2]

981. In diesem Jahre feierte der Kaiser Ostern in der
Stadt Rom mit der Kaiserin Theophanu in Gegenwart seiner

---

1) Vgl. Thietmar III. 7 und den sächs. Annalisten zu 979.
2) Vgl. den sächs. Annalisten.

Mutter, der erhabenen Kaiserin Adelheid, und seiner Schwester, der Metropolitaner [Quedlinburger] Aebtissin Machtild, indem dorthin auch aus Burgund die Könige Konrad und Machthildus wie auch der Karlingerkönig Hugo und sehr viele Andere von den Fürsten und Großen kamen[1], welche alle mit königlicher Pracht und Aufwand prunkten. Als inzwischen Adalbert, der erste Erzbischof der Magdeburger Kirche, im Guten vollkommen, nach seiner Sitte im dreizehnten Jahre seiner bischöflichen Würde die Theile seiner eigenen und Gisilhars Diözese, welcher damals im kaiserlichen Dienste in Italien verweilte, die Seinen lehrend und befestigend durchzog und in Merseburg am 20. Mai eine Messe gehalten hatte, übernächtigte er in der folgenden Nacht an einem Orte Namens Kruwati [Querfurt?]; am andern Morgen, als er aufstand, klagte er über starkes Kopfweh, gab jedoch die unternommene Reise darum nicht auf, sondern machte sich mit den Seinen auf nach Frekenlove [Freckleben]. Als er aber bei dem Dorfe Krimini vorbeigekommen war, ward das Unwohlsein stärker und er fing an zu schwanken und sich zu neigen, als sollte er allmälig vom Pferde fallen. Sogleich nun von den Seinigen aufgefangen und auf einen Teppich gelegt, ist er sanft gestorben, nachdem in der Eile Alles erfüllt war, was von Geistlichen gesprochen werden muß:

„Also ist er der himmlischen Mönche Genosse geworden,
„Wie ein neues Gestirn vermehrt er den seligen Reigen",

nach jenem Spruche: „Die, so viele zur Gerechtigkeit weisen, werden leuchten, wie die Sterne immer und ewiglich" [Daniel 12, 3]. Die Leiche aber wurde auf die Burg Givekenstein [Giebichenstein] gebracht, dort mit den erzbischöflichen Gewändern bekleidet und von da zu Schiffe nach Magdeburg geführt. Dort ward sie von Klerus und Volk und besonders von den Mönchen in Trauer empfangen und von dem ehrwürdigen Bischofe der Halberstädter Kirche Hildiward und Herbing, dem ersten Abte zu Sankt Johannes dem Täufer in der Mitte der Hauptkirche vor

---

1) Daselbst.

dem Altare des heiligen Kreuzes und der heiligen Apostel Philippus und Jakobus mit geziemender Pracht beigesetzt[1] und das Grab mit folgender Grabschrift geschmückt:

„Bischof Adalbert, erfüllt mit jeglicher Tugend,
„Läßt in der Erde den Leib, daß fröhlich im Aether er jub'le.
„Geistliche trauern um ihn, es klagen und jammern die Laien:
„Das ist des Frommen Verdienst, daß ihn jegliches Alter beweine."

982. — Während dies geschah, erwählten die ihres Hirten beraubten Söhne der Magdeburger Kirche mit einträchtigem Willen sämmtlich ihren Mitbruder Ochtrich, der damals aber am Hofe des Kaisers lebte, aber das beachteten sie nicht oder, wenn sie es beachteten, legten sie keinen Werth darauf, daß der vorgenannte Erzbischof Adalbert, als er noch lebte, vorhergesagt hatte, daß das nicht angehen würde. Denn da derselbe Ochtrich nicht zu den Sitten des Bischofs paßte und deshalb denselben nicht gut gegen sich gestimmt wußte, entschloß er sich mit einer durch den Kaiser Otto den Rothen ihm verschafften Erlaubniß das Kloster zu verlassen, nachdem er viele in den Fächern der freien Künste vortrefflich ausgebildet hatte (denn er hatte der dortigen Schule vorgestanden und von den Meistern der Zeit konnte keiner an Weisheit und Beredtsamkeit sich mit ihm vergleichen), um lieber am Hofe und in der königlichen Kapelle zu dienen. Als daher während seiner Abwesenheit der Erzbischof am Tage der Auferstehung des Herrn zur Feier der Messe bereit stand, während der Subdiakon wie üblich das heilige Kreuz vor ihm hielt, umfaßte er es mit frommen Händen und bat unter Thränen, daß Ochtrich und Hifo niemals seinen Sitz einnehmen möchten. Nachdem aber das heilige Amt beendet war und er selbst zu Tische saß, kündigte er allen Beisitzenden öffentlich an, daß er nach einer Offenbarung des heiligen Geistes in solcher Bitte von Gott erhört sei, was denn auch später der Erfolg bewies. Als nun Gott ihn zu sich genommen und Alle, wie wir erzählt haben, den genannten Ochtrich erwählt hatten, ist derselbe

1) Vgl. Thietmar III., Kap. 8, welches auch für das folgende Jahr zu vergleichen ist.

Bischof seinem geliebten Waltharb, dem vierten Nachfolger auf seinem Stuhle, der auch Dodiko hieß, welcher über solche Wahl betrübt war, aber allein des Gehorsams und der Eintracht wegen beistimmte, als er sich zu einer Stunde in einer Verzückung des Geistes befand, vor der südlichen Thür des Klosters erschienen, stehend mit dem Stabe und dem Ranzen, als wolle er nach Rom gehen, und indem er den Staunenden freundlich anredete, bestätigte er Alles, was er noch bei Lebzeiten in prophetischem Drange von Ochtrich vorausgesagt hatte, daß er niemals seinen Sitz einnehmen sollte. Geistlichkeit und Volk aber sandten, um ihre Wahl dem Kaiser anzuzeigen, geeignete Boten nach Italien, wo der Kaiser damals weilte. Als diese dorthin kamen, baten sie, um den Anlaß ihrer Gesandtschaft kräftig durchzuführen, den Bischof Giselhar um seine Stimme, weil sie glaubten, daß er, wie es der Fall war, bei dem Kaiser sehr viel vermöge. Er gelobte, freilich mit Hinterlist, wohlwollende und treue Unterstützung seinem alten Freunde Ochtrich, geht zum Kaiser und indem er ihm den den Tod des Erzbischofs mittheilt, wirft er sich ihm zu Füßen auf den Boden und bittet dringend, daß er die Gnade habe, ten ihm gewidmeten ergebenen Dienst bei dieser sich darbietenden Gelegenheit zu vergelten. Der Kaiser aber versprach seinem Wunsche zu entsprechen, und als er herauskam und von den Boten und dem genannten Ochtrich gefragt wurde, welche Aussicht er ihnen in Betreff ihres Auftrags vom Kaiser bringe, antwortete er ihnen spöttisch, er habe dabei kaum sich selbst, geschweige denn ihnen helfen können, da jeder sich selbst der Nächste sei. So also war Ochtrich beseitigt, und als er darnach in der Absicht zu den Seinigen heimzukehren, in Benevent angekommen war, ward er plötzlich krank und starb am 7. Tage des Monats Oktober, und daselbst begraben, hinterließ er mehreren „ein berühmtes Denkmal seiner Weisheit", wie es in der Leidensgeschichte des heiligen Bischofs und Märtyrers Adelbert heißt,[1] der ebenfalls zu seinen Schülern gehörte. Kaiser Otto übertrug nun, wie er es ver-

---

1) S. Bruno's Leben des h. Adalbert Kap. 5.

sprochen hatte, an Giselhar das Magdeburger Erzbisthum am 10. September, so wie es die Sitte erheischte, und schickte ihn mit Urlaub unter dem ehrenden Geleite des Metzer Bischofs Theoderich nach seinem Sitze. Bei seiner Ankunft daselbst am 30. November, d. h. am Feste des heiligen Andreas, empfing ihn Clerus und Volk mit festlichem Gepränge. Denselben Giselhar hatte Kaiser Otto der Große aus dem Magdeburger Kloster zu sich genommen, weil er ihn durch Familie, Sitten und Streben sich auszeichnen sah, und über seine Kapelle gesetzt und, als der Merseburger Bischof Boso starb, hatte er auf Verwendung einiger Leute ihn an dessen Stelle ernannt. Nachdem er aber von Otto II. das ersehnte Magdeburger Erzbisthum als eins von bedeutenderer Würde und Reichthum erlangt hatte, da zerstörte er, von der blinden Leidenschaft des Ehrgeizes geleitet, unter Zustimmung des Kaisers zum Bösen und mit Verachtung der Ehre Gottes und des Rächers Laurentius den Sitz und den Namen des Merseburger Bisthums und machte es zu einer Abtei, die er zu dem Erzbisthum hinzufügte. Daher lassen wir ab mehr davon zu schreiben, weil wir durch Verfolgung der Wahrheit uns den Haß einiger zuzuziehen fürchten, welche für die durch ihn oder auf seine Bitten durch den Kaiser verliehenen weltlichen Lehen seine Thaten begünstigen, wir aber aus Schmeichelei Falsches zu sagen die Sünde fliehen, da der Herr selbst durch deutliche Anzeichen in der Niederlage beider erklärt hat, daß dieses ihm nicht gefallen, wie es sich im Folgenden zeigen wird. Denn es wurde, wie der heilige Bischof und Märtyrer Bruno erzählt[1], nach der Zerstörung des Bisthums einem Weisen vom Himmel eine Offenbarung gewiesen, in der ihm der genannte Kaiser Otto II. erschien, sitzend auf goldenem Throne, umgeben von einer langen Schaar von Bischöfen, Fürsten und Edeln: als plötzlich jener große Besieger des Feuers Laurentius in der Mitte erschien, ein furchtbares feuriges Bild, umhüllt von goldener Stola und gleichsam durch die Beleidigung gereizt, hervorstürzte, den silbernen

---

1) Daselbst Kap. 12.

Schemel unter den Füßen des Kaisers wegzog und mit wildem Blicke sich abwendend wegzuschreiten begann. Und als er von einem der Beistehenden gefragt wurde, wer und in wessen Botmäßigkeit er sei, der es wage, den in seiner Pracht erhöhten König also zu entehren, und als er gebeten wurde, den Schemel zurückzugeben, antwortete er: wenn der Kaiser den ihm durch ihn selbst angethanen Schimpf nicht gut machte, würde er ohne Bedenken ihn baldigst vom Throne werfen. So geschah es auch, weil der Kaiser, die Nachricht von diesem Gesichte gering achtend und der Furcht Gottes die Liebe des unselig schmeichlerischen Erzbischofs vorziehend, seinen Irrthum nicht gut gemacht hat, und deshalb hat Gott die Tage seines Lebens verringert und in diesen ihn mit aller Verwirrung überschüttet, bis er in Kurzem, wie vorher bestimmt war, Leben und Kaisermacht verlor. Daher wurde in den Zeiten des genannten Kaisers die heilige katholische Kirche von vielen Kriegsstürmen und Einfällen der Heiden erschüttert. —

983. [Kaiser Otto hielt zu Verona einen Reichstag und daselbst wurde der aus der Verbannung zurückgerufene Heinrich der Jüngere zum Herzoge der Baiern eingesetzt. In demselben Jahre empörten sich die Slaven gegen die Sachsen] doch haben die sächsischen Fürsten sie nachher mit vereinter Kraft, ohne den König, ohne einen Führer mit der Hülfe des Himmels ruhmreichst besiegt und dreißigtausend an einem Tage getödtet, während nur der kleinste Theil auf schimpflicher Flucht in einige Verstecke der Sümpfe und Wälder entkam. Der Kaiser also hielt auf dem Reichstage zu Verona eine Zusammenkunft mit den Sachsen, Franken, Baiern, Lotharingern und Italikern ab und eine Begegnung mit anderen an Abstammung, Sprache und Benehmen sehr unähnlichen Völkern. Darnach kehrte er nach Rom zurück und setzte mit geziemender Ehre einen Papst über die heilige römische Kirche. Nachdem dieses Alles in großer Thätigkeit vollbracht war, wurde er von heftigem Fieber ergriffen, und da er sich dem Ende nahe fühlte, sammelte er seinen Geist zu Kräften

an und, nachdem er in vier Theile alles Geld, so viel er besitzen mochte, getheilt hatte, befahl er, einen zur Ehre des Fürsten der Apostel der Kirche und dem Altare des heiligen Petrus zu übergeben; den zweiten ließ er als Beweis der schuldigen Liebe der Kaiserin-Mutter und seiner einzigen Schwester senden; den dritten beschloß er den Rittern auszuwerfen, welche ihr Leben und ihre Heimat der Liebe zu ihm und dem Gehorsam nachgesetzt hatten; den vierten vertheilte er mit väterlicher Freigebigkeit, um Arme zu unterstützen.[1] In Anwesenheit des Papstes, der Bischöfe, seiner Gemahlin der Kaiserin Theophanu und der übrigen Getreuen bekennt er dann mit dem nur von katholischen Worten erfüllten Munde den katholischen Glauben, gesichert durch unerschüttertes Beharren in der wahren Hoffnung und Liebe, und nachdem er von ihnen [d. h. dem Papste und den Bischöfen] die gewünschte Vergebung und das hochheilige Abendmahl empfangen, gab er der Erde das Ihre, den Geist aber versetzte er auf die Gestirne. Darnach in öffentlichem Leichenzuge herausgeführt, wird er in dem Paradiese[2] bei der Basilika der Gottesmutter Maria zu den Füßen des Herrn Erlösers, wo den heiligen Petrus, der auf seinen Befehl unerhört auf dem Meere ging, aber wegen der Gefahr des Sturmes ein wenig im Glauben und Gehen schwankte, die mild dargereichte Hand aufhob, so daß er nicht untersank[3], unter dem traurigen Geschrei der Seinen bestattet, im 23. Jahre seines Königthums, im 17. aber des Kaiserthums; später ward sein Grab durch die Verehrung seiner Getreuen eifrigst mit ausgezeichneten Marmorsäulen geschmückt. Als Nachfolger hinterließ er einen Kleinen, der zwar noch im Kindesalter stand, aber durch Frömmigkeit, Schönheit und jegliche Zierlichkeit der Sitten ausgezeichnet war, Otto III. „die Gerechtigkeit der Welt", wie er genannt wurde.

1) Vgl. den sächsischen Annalisten.
2) Paradies ist der von Säulen umgebene Vorhof einer Kirche.
3) Also ein Bildwerk, das nach dieser Beschreibung ganz von dem bei Thietmar III. 15 erwähnten Standbilde und dem noch jetzt erhaltenen Mosaikbilde von Ottos Grabmal abweicht. Vgl. Giesebrecht, Deutsche Kaiserzeit, 2. Aufl. I. 605.

988. Der Bremer Erzbischof Adaldag starb. Er saß 53 Jahre.

990. Nachdem Adaldag, der erste Abt des Nienburger Klosters, gestorben, wird Ekkihard eingesetzt.

992. Die erhabene Kaiserin Adelheid gab, veranlaßt durch ihre Mutterliebe, ihrer Tochter Machthild einen Hof, welcher im Gebiete von Sachsen liegt und Walbike heißt, mit allem Anhange von dorthin gehörendem Erbgut zum Geschenke und, indem sie ihr denselben entweder zum eigenen Gebrauche anzuwenden oder zu jedem andern Zwecke nach ihrem Gutdünken überließ, bestätigte sie dies mit einer sicheren Urkunde durch Aufschreiben ihres Handzeichens, welches mit dem kaiserlichen Ringe besiegelt war.[1] So wie diese [Machthild] in wunderbarer Weise von der göttlichen Liebe entzündet und zur Ausübung der Freigebigkeit und des Wohlwollens geneigt war, wünschte sie Nichts, wodurch sie vor der Welt reicher erschienen wäre, für sich zu behalten, sondern mit ganzer Sehnsucht immer nach dem Himmlischen trachtend, nahm sie demüthig den an Kindes Statt zum Erben an, dessen Herrschaft und Reich ohne Grenzen ist, nämlich den allmächtigen Gott; dann begann sie mit allem Eifer ein Kloster zur Ehre des heiligen Apostels Andreas für eine Schaar Jungfrauen zu bauen, welche nach der Regel des heiligen Benedikt klösterlich leben sollten.[2]

996. [Der heilige Adelbert, Bischof der Stadt Prag, wird in diesem Jahre am 23. April bei den Pruzen mit ruhmreichem Märtyrertode gekrönt. Als[3] der Kaiser, der kürzlich aus Italien zurückgekehrt war, dies erfahren hatte, reiste er sogleich mit kaiserlichen Geschenken zu seinem Grabe, um zu beten; daselbst ward er vom Herzog Bolizlaus prächtig empfangen und bis Gnesin geleitet, wo der Leichnam des genannten Märtyrers, von dem Herzoge gekauft und vom Orte des Mordes dorthin versetzt, ruhte. Daher betrat der Kaiser diese Stadt, vor der ihm der Bischof derselben entgegenkam, demüthig mit nackten Füßen und nach

---

[1] Otto III. hat diese Schenkung 993 bestätigt.
[2] Vgl. den sächs. Annalisten.
[3] Das Folgende gehört richtig zum Jahre 1000.

einem thränenreichen Gebete bei dem heiligen Adelbert ehrte er
ihn durch eine neue, aber nicht gesetzmäßige Einrichtung, nämlich
durch die Stiftung eines Erzbisthums an diesem Orte. Denn
dieses ganze Land war die Parochie des einen Bischofs von Poznan
[Posen] und sie selbst war mit allen in zukünftiger Zeit daselbst
zu gründenden Bisthümern auf Beschluß Ottos I. und der
Bischöfe des apostolischen Stuhles dem Metropoliten des Mag=
deburger Erzbisthums unterworfen worden. Indem jener Kaiser
sie nun ohne die Zustimmung der beiden Bischöfe in fünf Bis=
thümer theilte, ließ er in der Stadt Gnesen selbst den Bruder
des heiligen Adelbert Gaudentius zum Erzbischofe weihen und
unterwarf ihm drei andere Bischöfe, welche in den drei Städten
Salzkolberg, Krakow und Wrotizla [Breslau] geweiht wurden;
den Bischof von Poznan aber, der nicht zustimmte, ließ er bei
dem früheren Rechte und dem Gehorsam gegen den Magdeburger
Erzbischof.

1000. In diesem Jahr hielt der genannte Kaiser am Palm=
sonntage eine Synode in Magdeburg und wies den Bischof der=
selben Stadt Gisiller an, Gott die Ehre zu geben und mit seinem
früheren und rechtmäßigen Bisthume [Merseburg][1] zufrieden zu
sein. Der aber bat um Aufschub bis zu dem größeren Hoftage,
welcher zu Ostern in Quidilingburg gehalten werden sollte, indem
er den Vermittlern in dieser Sache nicht mit Gründen, sondern
mit Geld antwortete. Da er dorthin wegen einer heftigen Krank=
heit nicht zu kommen vermochte, sandte er einen ihm befreundeten
Geistlichen Rotmann und den Propst Walthard von der Mag=
deburger Kirche, um sich zu entschuldigen, und erlangte trotzdem
Aufschub bis auf ein Concil, welches vor dem Kaiser in Aachen
versammelt werden sollte. Zu demselben reiste er auch mit seinen
Freunden und wird von dem Legaten des apostolischen Stuhles
in der genannten Sache zwei bis drei Mal angewiesen; nichts=
destoweniger sucht jener sich in seinem Widerstreben zu verthei=
digen; nachdem er aber nach dem Urtheile Aller überführt war,

---

1) S. c. 982.

bittet er schlauer Weise, dies bis auf eine allgemeine Synode der römischen Kirche zu vertagen. Durch solche Ränke und Künste ward die Sache verhindert und unbeendigt liegen gelassen.

1002. Am Anfange dieses Jahrhunderts stirbt der erhabene Kaiser Otto III., die Zierde des Reiches, der Freund der Gerechtigkeit, ach! eines zu frühen Todes im 18. Jahre seiner Regierung.[1]

1004. Also König Heinrich [II.], ein berühmter und vorzüglicher Verehrer der Gerechtigkeit und des göttlichen Glaubens, hat sich selbst bemüht, alle Angelegenheiten des Reiches, welche von seinem Vorgänger, das heißt von einem noch dazu durch frühzeitigen Tod fortgerafften Kinde, in geringer Ordnung zurückgelassen waren, der Furcht Gottes gemäß zu bestellen und gerecht anzuordnen. Wie diesem nun die Zerstörung des Merseburger Bisthums bekannt wurde, that ihm der seit langer Zeit unverbesserliche Ehrgeiz des Magdeburger Erzbischofs Gisiller nicht wenig leid und er schickte sich mit allem Eifer zur Herstellung jenes [Bisthums] an. Daher hat er auch, als er im zweiten Jahre seines Königthums Weihnachten in Polithi gefeiert hatte und von dort nach Thorneburch gekommen war, den Erzbischof Willigis mit anderen weisen und geeigneten Männern nach Magdeburg abgeschickt zu dem vorgenannten Erzbischofe, der von Vielen wegen der Qual einer langwierigen Krankheit schon aufgegeben war; er ermahnte und beschwor ihn bei dem Herrn, daß er in sich gehe und wenigstens die Geißel der göttlichen und an seinem Leibe so deutlich sichtbaren Strafe beachte und daß er der ungerecht in Besitz genommenen Stuhl verlassend, den gesetzlicher aber wieder einnehmend jetzt am Ende seines Lebens bereue und sühne, worin er bei der Zerstörung desselben geirrt habe. Jener aber ertrug es kaum, das anzuhören, was er nicht thun wollte. Indem er jedoch Weniges den Umständen gemäß sprach, gelobt er sich zu entfernen und unbedingt am dritten Tage Antwort zu

---

1) Darauf folgt eine längere Stelle aus den Quedlinburger Annalen zu 1002 u. 100 über die Thronbesteigung Heinrichs II. Vgl. Gesch. b. deutsch. Vorz. Jahrh. X., Bd. 9. S. 23 f

eben. Aber

> Zögere nimmer im Guten, es wird oft später unmöglich.

Er ließ sich nämlich auf einem Wagen, denn anders konnte er es schon seit langer Zeit nicht mehr, auf seinen Hof Thriburi führen, wo er zwei Tage verweilend am 25. Januar die von Krankheit geplagte Seele aushauchte, denn es hilft kein Rath wider den Herrn.[1] Als der Kaiser dies hörte, wohnte er selbst den Trauerfeierlichkeiten bei und begleitet die Leiche nach Magdeburg; doch wird von ihm sein Kapellan Wigert zu den Brüdern vorausgesandt, um ihnen den Willen des Königs in Betreff der Wahl Taginos mitzutheilen. Walthard aber, der oben genannte Propst, that den versammelten Brüdern, als er ihnen den Tod des Erzbischofs und des Königs Ansuchen mittheilte, wie sie über die Wahl eines geeigneten Fürsorgers stimmen sollten. Diese antworten alle einstimmig, daß sie ihn erwählten, obwohl er sich demüthig sträubte. Die Leiche aber, in das Kloster des heiligen Täufers Johannes gebracht, wird in der ersten Nacht unter ehrenvollen Vigilien verwahrt, und ebenso wird sie, als sie am folgenden Tage nach Sankt Mauritius übergeführt wurde, von dem hinzukommenden Könige, von Geistlichkeit und Volk empfangen und man wacht in der zweiten Nacht bei ihr unter größerer Theilnahme der Sänger. Als es aber Morgen ward, wird Arnulf, der Halberstädter Bischof, von dem Könige geschickt, um die Brüder für die Wahl Taginos zu gewinnen. Walthard nun der Propst, gebeten für Alle zu antworten, obwohl er selbst von ihnen zu dieser bischöflichen Würde erwählt worden war, entfernt dennoch zuerst den Verdacht von sich, als ob er darnach strebe, aber bekennt, daß Alle, da sie nach seiner Meinung die Absicht des Königs in Betreff der Wahl eines Andern wüßten, wünschten und bäten, daß man sie gemäß dem kanonischen Rechte eine freie und nicht eine von dem Machtgebote des Königs erzwungene Wahl halten lasse; sie könnten auch nicht dulden, daß in ihrer Zeit die Würde ihrer Kirche Verminderung erleide. Der König

---

1) Sprüche Salom. Kap. 21 Vers 40.

also, als er dies hörte, ließ den Propst und die übrigen Angeseheneren besonders kommen und hat endlich nach freundlichen Bitten und vielen Versprechungen mit dem Willen und der Zustimmung desselben und Aller dem erwählten Tagino den bischöflichen Stuhl übergeben und ihn selbst feierlich darauf gesetzt. Als dessen Lob, wie es üblich ist, unter dem Beifalle Aller gefeiert war, kam man mit einem andern Liede zur Bestattung des Verstorbenen zusammen und begrub ihn mit vielem Klagen und Weinen vor dem südlichen Altare. [Darauf zieht der König des Trostes wegen zu dem des Hirten lange beraubten Merseburg und bemüht sich, es so viel als möglich zur früheren Ehre wieder zu erheben.[1]] Daselbst wurde damals am Tage Mariä Reinigung [2. Februar] der ehrwürdige Tagino von dem Mainzer Erzbischofe Willigis gesalbt, wobei die Suffragane Beider, welche da zugegen waren, in ehrender Weise Dienste leisteten, der Legat aber des apostolischen Stuhles und Hilderich, damals der Erste in der Reihe der Suffragane, ihre Zustimmung gaben. Denn er hätte allein vom Papste geweiht werden müssen, aber im Drange der Noth konnte er ihn nicht darum angehen. Damals hat der König in Gegenwart Aller das Merseburger Bisthum dem oben genannten Wipert seinem Kapellan übergeben, und zwar indem er ihm den Stab des neuen Erzbischofs gab, durch welchen er jenem Alles soweit er wußte, wiedererstattete, was Gisilhar von dort un gerechter Weise weggenommen hatte. Nichtsdestoweniger hat derselbe Tagino ihn in jenen Tagen in Gegenwart einer Vierzahl seiner Suffraganbischöfe geweiht. Nachdem der König also den Wunsch frommer Sehnsucht erfüllt, kehrte er nach Magdeburg zurück, und damit man ihn nicht beschuldigen möchte, daß er durch jene Einsetzung dem Erzbischofe einen Schaden zugefügt habe, übergab er ihm ein Landgut seines Besitzes mit allem Zubehör, das im Gebiete Zeudizi liegt, in einer gesetzlichen Urkunde.[2] Denn

---

1) Aus Thietmar Buch V. Kap. 26.
2) 24. Febr. 1004. Es ist Gautsch, südlich von Leipzig, gemeint, im Gaue Chutizi zwischen der Elster und Mulde.

r selbst, ein König mit großer Ehrfurcht vor Gott, nahm aus einer eigenen Kapelle einen nicht geringen Theil der Reliquien des heiligen Mauritius und brachte sie im Winter, als die wieder= ehrende Kälte scharf wüthete und die Erde mit rauhem Eise und Schnee bedeckte, von dem Berge des heiligen Johannes des Täu= ers, wo sie aufbewahrt wurden, mit nackten Füßen, wie man rzählt — denn die Glut der Frömmigkeit beseelte ihn — am reißigsten Tage nach der Grablegung des Erzbischofs Gisilhar n die Stadt, wo sie von Allen mit festlichem Gepränge, wie illig war, empfangen wurden; diese brachte er mit den vor= genannten Gaben dem heiligen Altare dar und bestimmte, daß der Tag selbst zur Ehre des erwähnten Märtyrers dieser Kirche ge= feiert werden sollte, und so wird es noch jetzt gehalten. [Darnach am er durch Francien nach Italien, wo er das heilige Osterfest alten wollte; da man ihm aber die Freude nahm, ließ er viele ausend Rebellen mit dem Schwerte tödten], [1] um das den Deutschen eit langer Zeit schon von denselben Romanen zugefügte Unrecht u rächen, [wobei zugleich alle Gebäude Pavias verbrannt wur= en, welche der ausgezeichnete Fleiß der Alten errichtet hatte.][1]

1009. Der heilige Erzbischof Bruno, zubenannt Bonifacius, ar zuerst Kanonifer von Sankt Mauritius in Magdeburg, dann ahm er Mönchskleidung an und kam zur Zeit desselben Kaisers ach Merseburg — —[2] Der Vater desselben Bischofs hieß Bruno, die Mutter Ida, sein Bruder Gevehard. Gevehard er= eugte Burchard und Ida, Burchard erzeugte Gevehard, den Vater es Magdeburger Erzbischofs Counrad.[3] Ida aber gebar den Grafen Gevehard, den Vater des Kaisers Lothar. [— — Wipert er Bischof von Merseburg starb und ihm folgte Thietmar.] Un= ewohnte Brände entstanden an sehr vielen Orten. In demselben ahre starb Alfter der Abt vom Kloster des heiligen Johannes es Täufers in Magdeburg, und ihm folgte dann, von derselben

---
1) Quedlinburger Annalen.
2) Vgl. Thietmar VI. Kap. 58. Quedlinburger Ann. 1009.
3) 1134—1142. Dieselbe Stelle auch bei dem sächs. Annalisten 1009. 1106.

Genossenschaft erwählt, Sigifried, des vorgenannten Bischofs Bruder.

1012. In diesem Jahre wurde der Grund zur Kirche des heiligen Täufers Johannes in der Vorstadt von Magdeburg von dem Herrn Abte Sigifrid begonnen, im vierten Jahre seiner Weihe.

1014. Vielen erschien mitten im Tage ein Stern.

1018. [Auf dem Berge des heiligen Täufers Johannes, welcher Magdeburg nahe ist, ereigneten sich am 21. Juli in der Nacht des Sonntags sehr klägliche Dinge. Denn eine Lampe, welche im Schlafgemache der ehrwürdigen Brüder höher als gewöhnlich aufflackerte und Alles in der Nähe ergriff, verzehrte es mit gefräßiger Flamme, indem die daneben Ruhenden — o Jammer! es zu spät merkten. Und als Alle schon solchem Verderben entronnen waren, verloren sie dennoch einen von den Ihrigen, der um seine priesterliche Kleidung zu retten plötzlich umgekehrt war und in der Mitte des Feuers seine Sünden beichtete. Sein Name war Hemmo gewesen. — — Ihrem abwesenden Abte zeigten sie das jämmerliche Ereigniß durch einen Boten an.] Der ehrwürdige Abt rechnete das, was er erfuhr, seinen Fehlern an, und weil er sie im Augenblicke nicht gut zu machen vermochte, trug er sie auf seiner ehrenwerthen Stirne, indem er sprach: „Der Herr hat es gegeben, der Herr hat es genommen, wie es dem Herrn gefiel, so ist es geschehen: der Name des Herrn sei gelobt!" In allen diesen Aengsten also hat der gedulbige Vater mit seinen Lippen nicht gesündigt, noch irgend eine Thorheit gegen Gott geredet.

1019. Thietmar frommen Andenkens Bischof von Merseburg[2] ging heim zu Christus und ihm folgte Bruno.

1021. Ekkehard, ein Mönch im Kloster des allerheiligsten Täufers Johannes, verlor von Lähmung befallen die Sprache.

1023. [Von vielen Schmerzen aufgerieben ging der Magdeburger Erzbischof Gero am 22. Oktober heim, todt für die Welt

---

1) Thietmar VII. Kap. 43. 2) Der berühmte Geschichtschreiber.

aber lebendig in Christo.]¹ Dieser hat mit Rath seiner Getreuen das Hospital, welches der erste Otto in einem Dorfe Namens Rothartbestorp erbaut hatte, verändert, und indem er innerhalb der Stadt zur Ehre der allerheiligsten Gottesmutter Maria ein Kloster errichtete, hat er dieselben Güter, von denen früher Christi Streitern, das heißt den Armen das Nothwendige gereicht wurde, mit anderen aus eigenen Mitteln erworbenen Gütern selbiger Kirche übertragen und eine Propstei daselbst eingerichtet. Außerdem hat er eine andere Kirche zur Ehre des heiligen Evangelisten Johannes gebaut und geweiht und aus seinem Eigenthum den daselbst Gott dienenden Kanonikern soviel ausgesetzt, daß es zur Nahrung und Kleidung genug war, und mit jenen Kirchen hat er den Zustand der Stadt herrlich verbessert. Außerdem hat er die Mauern der Stadt, welche der fromme Kaiser Otto unvollendet hinterlassen, vollendet, auch das Haus des heiligen Mauritius sammt mannigfachem Schmuck und den Gebäuden des Bisthums ausgebessert und in seiner Diözese sowohl nach Außen als nach Innen Alles hergestellt und gebessert. Er starb aber in einem Dorfe der Halberstädter Parochie Namens Babbaroht, indem er für die Nachkommen viele Denkmäler seiner Thätigkeit hinterließ. Bischof Arnulf von Halberstadt, ein treuer Diener Christi, ein mit göttlicher Weisheit begabter, in menschlichem Wissen beredter Mann und in allen Zeiten fortan zu betrauern, ward in den Himmelspalast versetzt.]² Er erwarb für den heiligen Stephan unter dem Schutze der göttlichen Gnade 1200 Hufen und vieles Andere an Mühlen, Plätzen, Wiesen, Wäldern und Salzgruben, und den Schatz³ hat er an Pallien und Meßgewändern, wie sie jedem Amte zukommen, sehr vermehrt. Die Platte des Hochaltars zierte er mit reinem Golde und Edelsteinen. Ein goldenes Rauchfaß und einen goldenen Behälter für den Weihrauch und einen

---

1) Aus den Quedl. Ann. — Das Folgende findet sich auch bei dem sächs. Annalisten.
2) Aus den Quedl. Annalen.
3) „und den Schatz" ergänze ich nach dem sächsischen Annalisten zu 996 und 1023. wo zweimal dieselbe Stelle steht.

großen goldenen Becher sammt Schale und verschiedene Arten von Schmuck brachte er dem heiligen Stephan zu.

1025. [1] Marquard der fünfte Abt des heiligen Johannes des Täufers starb und ihm folgte Bruno, des frommen Abtes Sigifried Bruder.

1026. Es starb Ribdag, der zweite Abt des heiligen Johannes des Täufers, welcher nach seiner Absetzung durch den Erzbischof Tagino der Lüneburger Abtei vorgestanden.

1029. Kaiser Konrad greift den König Stephan von Ungarn mit Heeresmacht an, indem er auf einem gefährlichen und mühseligen Wege in selbiges Land eindringt. Ebenfalls beschloß er, in demselben Jahre zahlreiche Schaaren nach Polen zu führen. Die Kaiserin aber erwartete nach der Heimkehr in Merseburg den Ausgang der Unternehmung. Denn der König, hintergangen und von Wäldern, Einöden, sumpfigen, verlassenen und gefährlichen Orten sehr aufgehalten, gelangte nicht dorthin, wohin er wollte, aber auf den Rath einiger Leute belagerte er Budasin [Bautzen], eine Stadt, welche seiner Herrschaft nicht gehorchte. Vor dieser sind Viele auf beiden Seiten umgekommen. Wie nun der Kaiser sah, daß die Gegner nicht überwältigt werden konnten, verschob er es auf das nächste Jahr und zog sich in die Gebiete Sachsens zurück.

1030. Der Kaiser feierte Weihnachten in Patherbrunn und hatte vor, nach dem Schlusse der Feiertage über den Rhein zu gehen. Am 26. Januar geschah eine bejammernswerthe und von allen Getreuen Christi zu betrauernde Sache. Meseko, der Herzog der Polanen, welcher gegen das römische Kaiserreich für sich den Königstitel in Anspruch nahm, ein falscher Christ, ein Mörder und Tyrann hat, als er den Tod des Markgrafen Thietmar vernahm, ein heidnisches Heer in die heilige Kirche geführt, nachdem er heimlich des Teufels Trabanten an sich gezogen hatte. Denn zwischen Elbe und Saale hat er hundert Dörfer mit Brand und

---

1) Bei diesem Jahre läßt sich zuletzt eine Benutzung der Quedl. Annalen durch den Autor der Magdeburger nachweisen.

Nord verheert, und neuntausend fünf und sechszig christliche Männer und Frauen hat der Elende elendiglich gefangen, auch en ehrwürdigen Brandenburger Bischof Liuzo wie einen gemeinen Sklaven gegriffen, die heiligen Altäre nicht geschont, sondern Alles nit Mord und Blut befleckt, auch vornehme Frauen mit gewaff= eter Hand sich angeeignet. Eines allein war eine Erleichterung n Unglücke, nämlich der köstliche und ersehnte Tod. Denn an= tändige, selbst schwangere Frauen streckte er durch die rohe Rechte er Heiden mit Schwertern und Lanzen nieder. Inzwischen kam Graf Theodorich mit einer Schaar kräftiger Streiter herbei, tödtete die Einen und verjagte die Anderen.[1] Ein solcher König lso war Mejecho, das die verabscheuenswerthe Einfalt seiner Wege, das seine verdammliche Unschuld und Reinheit, das seine Gerechtigkeit, das sein erlogener Christenglaube. Wenn er also König war, wozu war er Räuber? wenn einfältig, warum rück= fällig? wenn gläubig, weshalb ein Abtrünniger und Tyrann? Was soll dir, blutiges Ungeheuer, der Königsschmuck an Krone nd vergoldeter Lanze? Welche Gemeinschaft hat Christus mit Belial? Welch ein Wahnsinn, o Hochmüthiger, quält dich, daß u gegen die Herrschaft römischer Tapferkeit freventlich die Waffen erhebst? Wie gefährlich dies für dich ist, wirst du dann u spät erkennen, wann die unkriegerischen Deinen, in zahlloser Menge gewaffnet, von den Unsrigen, welche Kriege kennen und uch führen, so wie sie es verdienen zerstampft werden.[2]

1033. [In diesem Jahre wurde bei der Burg Wirbeni der Graf Liudeger mit zwei und vierzig Anderen getödtet] und viel Unglück geschah daselbst einige Jahre lang in Todschlag, Brand nd Raub.

1034. [Odalrichs von Böhmen][3] Sohn Kazimer, von den Polanen sammt seiner Mutter aus dem Lande vertrieben, lebte

---

1) Bis hierher vgl. die Jahre 1029 und 1030 auch bei dem sächsischen Annalisten.
2) Diese Stelle scheint unter dem Eindrucke der Ereignisse gleichzeitig geschrieben or dem im folgenden Jahre (s. Hildesh. Ann. 1031) gewonnenen Siege der Deutschen.
3) Vgl. die Hildesh. Annalen zum betreffenden Jahre.

lange als Verbannter in Sachsen. Denn seine Mutter war die Schwester des Kölner Erzbischofs gewesen. Inzwischen wurde Polen von den benachbarten Völkern und besonders von den Böhmen sehr verwüstet und die Reliquien des heiligen Adalbert und der Heiligen Benedikt und Johannes wurden mit den Uebrigen aus derselben Provinz fortgeführt.

1036. Brandag, der Halberstädter Bischof, starb im Herrn und ihm folgte der königliche Kapellan Burchard. Dieser[1] machte in Halberstadt zwei Propsteien, eine zur Ehre des heiligen Johannes des Täufers, die andere zur Ehre des heiligen Evangelisten Johannes und des heiligen Bischofs und Märtyrers Bonifacius.[2]

1037. Der Kaiser überschritt die Alpen und hielt mit den Großen des dortigen Reiches eine Zusammenkunft[3] zur Besserung der Angelegenheiten des Staates. Es geschah auch, daß der Mailänder Bischof, welcher bei derselben Besprechung zugegen war, vom Kaiser einer gewissen Untreue angeschuldigt und von seinen Landsleuten in vielen Dingen verklagt wurde. Und als er vom Kaiser erinnert ward dergleichen zu bessern, entfernte er sich zuerst, dann aber kam er wieder und vom Geiste des Hochmuths aufgeblasen, sprach er kühn, daß er, was er im Besitze der Kirche des heiligen Ambrosius vorgefunden oder auf irgend eine Weise erworben habe, so lange er lebe, stets festhalten und auf Niemands Befehl und Bitte auch nur das Geringste aufgeben werde. Von den Primaten aber aufgefordert, wenigstens die Person des Kaisers allein auszunehmen, wiederholte er noch einmal den vorher erwähnten Spruch. Erzürnt befahl also der Kaiser mit Rath der Versammlung, das unrechtmäßig in Besitz Genommene wieder herauszugeben und übergab den Gefangenen dem Patriarchen Poppo von Aquileja zur Verwahrung. Freier von diesem gehalten, als es recht war, entkam er nach einigen Tagen auf An-

---

1) b. h. Brandag.
2) Vgl. den sächs. Annalisten.
3) in Pavia, nicht in Salerno, wie die Hildesh. Ann. irrthümlich berichten. Vgl. Giesebrecht, Gesch. d. deutsch. Kaiserzeit II. 315.

stiften eines seiner Mönche, dem es aus Erbarmen gestattet worden, allein bei ihm zu wohnen, und so kehrte er nach Mailand zurück, und indem er die Stadt befestigte, welche schon an sich genug Festigkeit und Sicherheit hat, verharrte er jenes ganze Jahr in leichtsinniger Ausschreitung als ein Verächter der Gesetze. Darauf theilt er mit Zustimmung dreier Bischöfe[1] dem Tyrannen von Burgund Otto durch heimliche Boten seinen Plan mit, wie er selbst durch seine und der Seinigen Unterstützung nach Ermordung des Kaisers zur römischen Kaiserwürde erhoben werden möchte. Das hörte derselbe gern und indem er in begehrlicher Leidenschaftlichkeit schnell jenen Plan, durch den er deutlich seinem Untergange zueilte, ergriff, bestimmt er Tag und Ort, wo die Gesandten von ihnen Allen sich treffen sollten, um die Verschwörung jenes unheiligen Frevels gegenseitig durch Eide zu kräftigen. Also geschah es. Aber, wie ein Weiser sagt, gegen Gott wird die Weisheit zur Narrheit. Denn die Schwiegermutter des Schwabenherzogs Hermann erfuhr von der Versammlung der Gesandten und schickte die sammt und sonders von ihren abgesandten Knechten Ergriffenen und die Wahrheit Bekennenden zum Kaiser, als er in der öffentlichen Versammlung in Gegenwart jener drei oben genannten Bischöfe saß. Der Kaiser sagte mit den Getreuen Christi dem Gotte, der das Verborgene enthüllt, geziemenden Dank und sandte auf Beschluß des Rathes die erwähnten Bischöfe über die Alpen in Verwahrung, und also ging jene Verschwörung zu Ende. Ferner versuchte der oft genannte Mailänder Bischof[2], den Gottes Gericht vorwärtstrieb, auf einem andern Wege umzukommen, weil er in dem früheren Anstiften ein seiner würdiges Ende nicht gefunden. Denn hochmüthigen Herzens vor dem Falle beschloß er die Pfalz von Aachen anzugreifen und prahlte im Voraus, daß er Weihnachten dort zubringen werde. Also belagerte er nur einen Monat vor dem-

---

1) Wahrscheinlich der von Cremona, Piacenza und Vercelli, welche der Hildesheimer Annalist nennt.
2) Wohl nur ein Schreibfehler; denn wie der Zusammenhang lehrt, ist Graf Otto gemeint.

selben Feste eine Stadt des Kaisers, welche Bera [Bar] heißt, weit und breit plündernd umherschweifend, und daselbst vom Herzog Gozilo und dessen Sohne überfallen, ist er unter den Gemeinen getödtet unrühmlich umgekommen.[1]

1038. Der Kaiser feierte Weihnachten zu Parma und indem dort die Bürger dieser Stadt gegen die kaiserliche Majestät Unruhen erregten, wurde ihre berühmte und herrliche Stadt durch Plünderung und Brand mit einer unzählbaren Menge von Grund aus vernichtet. Weil[2] aber der oben genannte Mailänder Bischof noch in der begonnenen Ausschreitung beharrte und weder durch Drohungen geschreckt werden, noch durch Zusicherungen der Verzeihung, welche aus würdigem Mitgefühl sowohl von dem Herrn Papste, als auch von den übrigen Bischöfen angeboten wurde, zur Reue und Genugthuung veranlaßt werden konnte, so hat der Herr Papst jenen unter allgemeiner Zustimmung der Bischöfe mit der Verdammniß des Anathems getroffen, und Ambrosius, ein edler Mann, folgte auf seinem Sitze, indem jener innerhalb der Mauern hauste, dieser draußen nach Kräften seine Geschäfte erledigte.

1039. [Der Kaiser feierte Weihnachten unter den ehrfurchtsvollen Glückwünschen seiner Fürsten geziemend in Goslar].[3] Während er am heiligen Tage darauf wartete, in königlichem Schmucke zur Messe zu gehen, da wird — schauerlich zu erzählen! — ein ungewöhnliches und schreckliches Zusammenstoßen der Wolken von der dritten bis zur sechsten Stunde von den Anwesenden mit Furcht und Verwunderung zugleich betrachtet.

1040. Der neue König Heinrich [III.] feierte Weihnachten und der heiligen Gottesmutter Mariä Reinigung in Augsburg, und einige Zeit daselbst verbleibend hielt er mit den Alpenfürsten einen Reichstag über die Befestigung des Staates[4] und, als Alles

---

1) Sächs. Annalist 1037.
2) Das Folgende auch daselbst zu 1038.
3) Aus den Hildesh. Annalen. Das Folgende auch bei dem sächs. Annalisten.
4) Etwas abweichend von den Hildesh. Annalen. Das Folgende bis zum Schlusse des Jahres ausführlicher, aber doch nach derselben Quelle bei dem sächs. Annalisten.

nach seinem Wunsche geordnet war, kehrte er nach Franken zurück
und blieb die Fastenzeit über am Rheine. Dorthin kam der
Mailänder Metropolit und indem er wegen seines ganzen Strei=
tes, welchen er gegen den Kaiser geführt, Genugthuung leistete,
gewann er durch Vermittelung der Fürsten die königliche Gnade
wieder und kehrte in seine Heimat zurück, nachdem er durch einen
Eid betheuert hatte, daß er den Frieden halten wolle. Der König
aber feierte die Himmelfahrt des Herrn in Niumagen [Nym=
wegen], Pfingsten in Lüttich; darnach befahl er einen Zug mit
dem versammelten Heere in das Land der Böhmen. Als sein
Gefolge von dort in dasselbe Land einzog und Markgraf Otto
mit den Baiern des Ausspähens wegen durch waldige und un=
zugängliche Gegenden einbrach, gingen einige, welche aus der Um=
gebung ausgesandt waren, unbesonnen vor in der Meinung, tapfer
zu handeln und weil sie einen Verhau im Walde erobern wollten;
daselbst in einem vorbereiteten Hinterhalte von Bogenschützen um=
ringelt, sind Graf Werner, ein Oberster und Fahnenträger des
Königs, mit einer Anzahl Trabanten und Graf Reinhard mit den
Ausgesuchtesten von den Vasallen des heiligen Bonifacius[1], o Jam=
mer! in blutiger Schlacht gefallen. Am folgenden Tage aber
wurden diejenigen aus der schon vorbeimarschirten Schaar Ottos,
welche denselben Verhau von der andern Seite angegriffen, mit
mehreren bairischen Rittern getödtet. Aber es kamen die Sachsen
herbei mit dem Mainzer Metropoliten Bardo und dem Mark=
grafen Ekkehard und drangen gewaltsam an einem Sonntage, am
14. August, mit sehr geringer Mannschaft, aber wie es sich zeigte,
unter Begleitung des göttlichen Schutzes in dasselbe Land ein, und
neun Tage nach Belieben umherziehend verwüsteten sie es mit
Morden, Plündern und Brennen, bis sie siegreich heimkehrten,
als ein ehrwürdiger Mönch Guntar mit einer Botschaft vom
Könige kam und als Friede gewährt und angenommen war. In
derselben Zeit traten die Gewässer weit und breit aus, wodurch
an verschiedenen Orten viele umgekommen sind.

1) d. h. von Fulda.

1041.[1] König Heinrich brachte Weihnachten festlich in Mimigardeworbe [Münster] zu. Daselbst hat Herr Suiteger, der Babenburger Bischof, rühmlich die bischöfliche Weihe von dem ehrwürdigen Erzbischofe Bardo empfangen. Am folgenden Tage aber, am 29. Dezember[2], wird daselbst das berühmte vom dortigen Bischofe Hermann jüngst erbaute Münster durch die gemeinsame Weihe aller Bischöfe zur Ehre der ewig jungfräulichen allerheiligsten Maria geweiht.

1042 [1041]. Der Kaiser drang an Mariä Himmelfahrt [15. August] mit einem sehr großen Heere in Böhmen ein. In derselben Zeit führte Markgraf Ekkehard mit dem Mainzer Erzbischofe und den anderen Bischöfen und Großen das Aufgebot der Sachsen von der andern Seite nach Böhmen hinein und indem sie auf mancherlei Art das Land verwüsteten, schlugen sie ihr Lager neben dem königlichen Heere auf. Von dort wieder aufbrechend trafen König und Markgraf durch Gottes Gabe herrlich auf der oberen Seite von Prag als Sieger zusammen, und nachdem daselbst Frieden gewährt und angenommen worden, kehrten sie heim. Auch ergab sich bald der böhmische Herzog der Treue des Markgrafen und kam mit demüthigster Genugthuung zum Könige, einen Zins vom böhmischen Lande darbietend.

1043. Als der König Weihnachten [1041] in Augsburg zugebracht hatte, kam er [1042] nach Burgund und feierte daselbst die Auferstehung in prächtigster Weise.[3]

1056. [— — In diesen Zeiten starben Viele aus verschiedenen Gebieten, Hungersnoth suchte viele Gegenden heim, Noth und Mangel herrschten überall und viel Elend ereignete sich. Der Kaiser Heinrich aber, vom Schmerz über diese Dinge im Herzen getroffen,][4] erreichte die letzte Stunde, indem er seinen Sohn Heinrich [IV.] im Amte des Königthums zurückließ.

---

1) Denselben Jahresbericht hat der sächs. Annalist und ebenso das Folgende, obwohl ausführlicher, jedoch ebenfalls mit der falschen Jahreszahl. — 2) 1040. — 3) „und nachdem daselbst die Reichsangelegenheiten aufs Beste geordnet und der Friede gesichert worden, feierte er die Auferstehung des Herrn in prächtigster Weise zu Köln." Sächs. Annalist. — 4) Hildesh. Annalen.

1057. Der Edle Friedrich, welcher sich zum Mönchsleben bekannt hatte, empfing durch gemeinsame Wahl aller Fürsten von beiden Seiten[1] rühmlich die Leitung der römischen Kirche.

1059.[2] Der König feierte Weihnachten in Merseburg, Ostern aber mit seiner Mutter der Kaiserin Agnes in Magdeburg. Der Halberstädter Bischof Burchard starb und ihm folgte der Propst Bukko von Goslar.

1061. Albin Abt von Nienburg ging heim und ihm folgte Folkmar.[3]

1063. Der Magdeburger Erzbischof Eggilhard stirbt und für ihn wird Wezelo oder Werner eingesetzt, ein Bruder des Erzbischofs Anno von Köln. Die Kaiserin Agnes nahm den heiligen Schleier.

1068. Der heilige Kono, Bischof der Treverer, erleidet in einsamer Gegend den Märtyrertod.[4]

1076. Bernhard, Abt des heiligen Johannes des Täufers, schied aus dem Leben und ihm folgte Bernhard der Jüngere.

1079. König Rodulph setzte für den Magdeburger Erzbischof Wernher ein den Hartwig, ein Jahr nach dem Tage, an welchem sein Vorgänger erschlagen worden.[5]

1080. [Am 28. Januar wurde eine Schlacht bei Flabenheim geliefert], an einem Montage; daselbst wurde Magenfrid Graf von Magad(?)[6] getödtet.

1082. Der ältere Markgraf Udo starb am 4. Mai. Das Kloster des heiligen Johannes des Täufers in der Vorstadt der Stadt Magdeburg wurde vom Erzbischofe Hartwig und den Bischöfen Godeskalk[7] und Giffrod[8] geweiht.

1085. König Hermann brachte Weihnachten [1084] in Goslar zu, indem Viele gleichsam neugierig auf die neue Herrschaft an

---

1) d. h. der Alpen. — 2) Vgl. den sächs. Annalisten 1059—1063 zu Ende. — 3) Daselbst. — 4) Vgl. Hildesh. Ann. — 5) Vgl. den sächs. Annalisten. — 6) Wahrscheinlich der Magdeburger Vogt, welcher als in dieser Schlacht gefallen auch in den Jburger Annalen erwähnt wird. M. G. Scr. XVI. 437. — 7) von Havelberg. — 8) unbekannt. Pertz vermuthet Günther von Naumburg, Waitz zu derselben Stelle im sächs. Annalisten den Bischof von Brandenburg.

seinen Hof strömten; Heinrich in Köln, Papst Gregor in Salerno und sein Gegner[1] in Rom. Darnach am 20. Januar [1085] kamen die Großen beider Parteien zur Erörterung des so unsterblichen Streites in Perkstab[2] einem Dorfe Thüringens zusammen, — von der einen Seite: die Erzbischöfe Otto von Ostia, von seinem Gebhard von Constanz sich trennend, Hartwich von Magdeburg und Gebhard von Salzburg, der Christi Schmach den Schätzen der Aegypter vorzog; die Bischöfe Udo von Hildesheim, Burchart von Halberstadt, Hartwich von Verden, Guernher von Merseburg, Gunther von Ciz [Zeitz], Benno von Misne [Meißen] und Heinrich von Paterbrunn, der zwar ernannt, aber damals erst Subdiakon war; — von der andern Seite: der Bremer Liemar und diejenigen, welche vom Papste dieser Partei das Pallium erhalten hatten, der Mainzer und der Kölner und von ihren Suffraganen, so viele ihnen anhingen. Die Vertheidigung der Sache unternahmen auf dieser Seite[3] der Salzburger Erzbischof, auf der andern Seite der Mainzer mit Lesen und der Utrechter mit Sprechen. Da standen verschiedene weltliche Personen wie mit gespitzten Ohren, bei einer Sache der sehr stürmischen Zeit, welche gleichsam durch das Gericht der Engel erörtert werden sollte. Der Salzburger begann und sprach: „Wir sind gekommen, um, wie es ausgemacht worden ist, zu beweisen, daß es uns nicht erlaubt sei, mit denjenigen Gemeinschaft zu machen, welche als aus der Gemeinschaft ausgeschlossen uns angemeldet sind und besonders, welche der Papst ohne Widerspruch im Besitze des apostolischen Stuhles in öffentlicher Synode ausgeschlossen hat, und er hat uns brieflich mitgetheilt, daß sie von ihm gebannt worden, nebst dem Grunde des Bannes und daß wir keine Gemeinschaft mit ihnen haben sollen." Indem er dieses sagt, zeigt er als Beweise desselbigen Auftrags, um seinen Worten Glauben zu verschaffen, mehrere besiegelte Briefe des Papstes vor und beweist mit der Autorität der Evangelien, Apostel, Dekretalen, des apostolischen

---

1) supplantator, eigentlich: „der ihm ein Bein stellte." — 2) Berlach. — 3) „Diese Seite" ist hier immer die gregorianische Partei.

Stuhles, der Bischöfe und mehrerer kanonischen Sätze, daß man seinen Befehlen gehorchen und keine Gemeinschaft mit denen haben müsse, welche als gebannt angemeldet werden. Dagegen sagt der Utrechter: „Keiner von uns wird wider eure Meinung sein; aber wir sagen, unser Herr, dessen Sache hier erörtert wird, ist nicht gebannt worden, weil der Papst ungerecht an ihm gehandelt hat, da er den bannte, welchen er nicht bannen durfte." Schon wollte der Mainzer die Rede jenes durch Vorlesen beweisen, als der Salzburger die Antwort nicht verschiebend bemerkt, daß nach den Gesetzen des Gelasius und der Nicäischen und Sardischen Synoden man mit keinem, wenn auch ungerecht Gebannten Gemeinschaft machen dürfe vor einer gerechten Prüfung beider Parteien und bevor er von dem, welcher ihn gebannt, wieder aufgenommen worden. Und siehe da, der Mainzer, der erwarteten Stille sich bemächtigend, hatte ein Kapitel gelesen, daß kein seines Vermögens Beraubter vor die Synode gerufen, gerichtet, verdammt werden könne, und indem er dies den Laien auseinandersetzte, rief er sie als Zeugen an, daß der Papst ihren Herrn nicht bannen gekonnt habe, da derselbe eines großen Theils des Reiches beraubt gewesen, nachdem die Sachsen und einige von den Schwaben von ihm abgefallen waren. Auf dieses sagt der Salzburger: „Daß dieses Kapitel im Allgemeinen nicht wahr ist und daß durch seine Autorität derjenige, von dem ihr handelt, nicht gegen die päpstliche Excommunikation geschützt wird, könnten wir leicht beweisen; aber wir würden unsern Rang gefährden, wenn wir die Gesetze der Päpste Gelasius, Nikolaus und vieler Anderen, die Urtheile des apostolischen Stuhles widerriefen, da es dessen Recht ist, die ganze Kirche, Niemandes Recht aber ihn zu richten. Und deshalb haben wir, sobald der Tag dieses Gespräches angesagt worden, die Verhandlung mit Rücksicht auf folgenden Vorbehalt beschränkt, daß wir uns nicht verpflichteten, euch über irgend eine andere Sache zu antworten, außer daß wir durch das katholische Gesetz gezwungen seien, keine Gemeinschaft mit denen zu haben, in Betreff derer der Bischof des apostolischen Stuhles uns durch zuverläſſige Botſchaft angezeigt hat, ſowohl daß ſie von ihm gebannt ſind, als auch daß wir keine Gemeinſchaft mit ihnen haben ſollen. Daß wir unter dieſer und keiner andern Bedingung zu dieſer Zuſammenkunft veranlaßt wurden, dafür rufen wir eure Vermittler dieſes Geſpräches als Zeugen auf." Indem dieſe alſo die Geſetze der Väter nicht übertreten wollten, jene aber forderten, daß dasjenige, was zu Rom entſchieden ſein mußte, auf der Straße und vor fremden Richtern widerrufen würde, geht man unverrichteter Sache auseinander. Am folgenden Tage kamen ferner die Sachſen und Thüringer zuſammen, um zu wiſſen, wer bei ihnen bis aufs Blut beharren und wer von ihnen abfallen wollte. Angeklagt werden Uto der Biſchof von Hildesheim und ſein Bruder Konrad und Graf Thiederich, daß ſie mit Heinrich ihrem feindlichſten Feinde übereingekommen ſeien und daß ſie ihm Landesverrath verſprochen haben. Weil ſie aber bei ihrer Gegenrede ſagten, daß ſie Heinrich noch keine Unterwerfung verſprochen hätten, aber nicht leugneten, daß ſie mit ihm geſprochen, ſo werden von ihnen Geiſeln gefordert, um die Landsleute über die gelobte Treue ſicher zu ſtellen. Da jene ſich ſträubten, das ſei nicht ihrer berufenen Würde angemeſſen, daß ſie zum Schutze des Vaterlandes, deſſen Fürſten ſelbſt und Vertheidiger ſie bisher geweſen, von denen genöthigt würden, welche das weniger anginge, ſo wird Thiederich, ein Graf von ausgezeichnetem Range, von einigen in haſtigem Angriffe getödtet, der Biſchof und ſein Bruder und deren Genoſſen weggejagt. Ohne Verzug ging der Biſchof, um dieſe Beleidigung zu rächen, zu Heinrich, welcher ihm in Fritislar entgegenkam, und verſprach ihm ſeine Unterwerfung. Und damit er als Vermittler des Abfalls der Sachſen und des Rücktritts von Hermann ſprechen könnte, empfing er von Heinrich den Eid: wenn die Sachſen zu ihm umkehren und ihn die Herrſchaft des Vaters genießen laſſen würden, würde er ihnen niemals jenes Recht verkümmern, welches ſie ſeit der Zeit ihres Eroberers Karl für das Geeignetſte und Herrlichſte gehalten hatten; und wenn einer der Seinigen mit einem der Sachſen gegen das Geſetz verfahren würde, so wolle er selbst es innerhalb sechs Wochen vom Tage der ihm gemachten Anzeige an mit geziemender Entschädigung beilegen. Andere Große desselben, Bischöfe und Weltliche, hatten geschworen, ihm keine Stütze gegen Sachsen zu sein, falls Heinrich jenes Statut jemals aus den Augen setzen würde. Als der Bischof darnach in sein Land zurückkehrte, gewann er dadurch, daß er den Landsleuten versprach, was ihm zugeschworen war, Viele für die Partei, zu der er selbst getreten war. Um es bei einer für ihn so erwünschten Gelegenheit nicht an sich fehlen zu lassen, wollte Heinrich auf einer angesagten Heerfahrt Sachsen angreifen. Hermann wollte ihm mit den bei ihm Zurückgebliebenen entgegenziehen, aber beide Versammlungen hinderte die bevorstehende Zeit der Septuagesima [16. Februar][1], in der wegen des bis auf den Sonntag nach Pfingsten beschworenen Gottesfriedens nicht einmal Waffen zu tragen gestattet war. Zwei, von denen der eine schon seit sieben, der andere seit vier Jahren ernannt war, Sigefrid von Augsburg und Norbert von Chur, wurden am Tage der Reinigung der heiligen Maria [2. Februar] von jenem Mainzer in Mainz zu Bischöfen geweiht, während einen großen Theil des Augsburger Bisthums Guigo innehatte, welchen Erzbischof Sigefrid unter König Rudolf in Goslar weihte. In dieser Zeit würde man Sachsens Aussehen unwiderruflich verändert finden. Denn diejenigen, welche zuvor betheuert hatten, daß sie allein zum Schutze des apostolischen Stuhles sich Heinrich widersetzten, welche keine Gemeinschaft mit ihm machen zu wollen geschworen hatten, wenn er nicht von dem, der ihn gebannt, nämlich durch den Papst Gregor den Siebten dieses Namens wieder aufgenommen wäre, diese vergessen, daß derselbe Papst gewaltsam vertrieben und König Hermann unmenschlich hintergangen worden, und machen nicht allein mit Heinrich durch häufige Gesandtschaften Gemeinschaft, sondern nennen ihn auch Kaiser, obwohl er von einem Gebannten geweiht worden ist, indem Einer dem Andern um sein Wohlwollen zu gewinnen zuvorzukom-

1) d. h. Fasten.

men sucht und Jeder sich selbst zu schaden meint, wenn er den Heinrich, welcher sich jetzt Sachsens und des ganzen deutschen Reiches bemächtigen werde, bei seiner Wiedereinsetzung sich nicht verpflichte. Fast ganz Sachsen also fordert auf Verabredung den Gebannten mit eben so großem Eifer, als sein Angriff früher war, da es den noch nicht Gebannten vertrieb. Die Erzbischöfe und Bischöfe reden wohl dagegen, aber „den Tauben wird ein Märchen erzählt"[1], da nach dem Tode derjenigen, welche reiferen Alters und Geistes waren, nämlich Ottos, welcher damals Herzog von Baiern war, des Markgrafen Udo und des Grafen Thiederich die sächsischen Fürstenthümer der schwankenden Jugend zugefallen waren. Von vielen Versprechungen verlockt einigen sie sich zu der Meinung, daß Niemand von ihnen einen Vortheil habe, wenn Heinrich von ihnen des großväterlichen Kaiserthums beraubt werde, da er selbst gebessert, nachdem er die Kraft der Sachsen erprobt, sie in Betreff der Erhaltung ihrer heimischen Gesetze sicher stellen wolle; es sei auch kein Grund zum Kriege vorhanden, nachdem das erkämpft worden, weshalb sie gekämpft. In solchen friedlichen Bemühungen wird das Ende des geschlossenen Friedens erwartet, nämlich die Mitte des Sommers.[2] — —

In demselben Jahre im Sommer kam Heinrich nach Sachsen und nachdem er sein Lager auf den grünen Wiesen bei Magdeburg aufgeschlagen, ging er mit seinen Großen in die Stadt und wurde daselbst nach Art eines Königs empfangen. Weil aber aus Furcht vor seiner Ankunft Erzbischof Hartwig mit dem Halberstädter Bischofe und dem Könige Hermann zu den Dänen sich entfernt hatte, setzte er an dessen Stelle, so wie er früher beabsichtigt hatte, den Abt Hartwig von Hersfeld ein und für den Halberstädter Burchard einen Kanonikus selbiger Kirche Hamozo, den Oheim des Grafen Ludwig von Thüringen. Nachdem dies also geschehen und jener fortgegangen war, kehrten die Bischöf

---

[1] Horaz, Briefe II. 1. Vers 199; d. h. es wird tauben Ohren gepredigt. — [2] Die ganze Erzählung steht auch in den sächsischen Annalisten.

aus Dänemark zurück und Heinrich selbst wurde bald mit jenen Eingesetzten aus dem Vaterlande verjagt.¹

1092. In diesem Jahre², als Papst Urban der römischen Kirche vorstand, begann auf sein Mahnen und unter Mitwirkung unsers Herrn Jesu Christi bei jedem christlichen Volke der heilige Zug nach Jerusalem, als in Deutschland Kaiser Heinrich, in Francien König Philipp regierte.

1094. Sachsen und Thüringer kämpften untereinander.³

1095. Herzogin Sophia⁴ frommen Andenkens starb am 19. Mai.³

1098 [1099]. Papst Urban stirbt und ward in der Kirche des heiligen Petrus begraben³; an seiner Stelle wird nach einigen Tagen der Kardinal und Abt des heiligen Klemens Reinher, ein Mann von gutem Leumund, von der Geistlichkeit und dem Volke Roms, obwohl er in unglaublicher Weise sich sträubte, auf den apostolischen Stuhl gesetzt und acht Tage⁵ nach seiner Erwählung, wie üblich, geweiht und Paschalis genannt. Eine feurige Kugel von wunderbarer Größe schien von Westen nach Osten durch die Luft getragen zu werden.

1099. [Der Bischof Konrad von Utrecht wurde am Ostermittwoch von einem friesischen Handelsmanne grausam ermordet]⁶ und ihm folgte Burchard.⁷

1100. Große Hungersnoth erhob sich in vielen Gegenden. Es folgte auch nicht geringes Sterben.⁷ — — [Markgraf Udo und mehrere Andere von den Sachsen griffen die Barbaren an, welche Liutizen heißen,]⁶ und er hat die Stadt Brandenburg belagert und ruhmvoll eingenommen. [Harter Winter. Herzog Gottfried, welcher das Heer der Christen leitete, starb in Jerusalem und für ihn wird sein Bruder Baldewin eingesetzt,]⁶ um das Volk zu regieren. König Wilhelm von England wurde von einem Pfeile getödtet. Als aber sein Bruder Heinrich an demselben Orte zum Heil seiner

---

1) Daselbst 1085. — 2) 1095. — 3) Vgl. den sächs. Annal. 1094. 95. 99. — 4) Gemahlin des Herzogs Magnus von Sachsen. — 5) Vielmehr schon am folgenden Tage. P. — 6) Vgl. Hildesh. Annal. — 7) Vgl. den sächs. Annalisten.

Seele ein Kloster erbauen wollte, erschien er ihm von zwei Drachen getragen und sagte, daß das ihm nichts nütze, weil in seinen Zeiten Alles zerstört worden sei, was seine Vorgänger zur Ehre Gottes erbaut hatten.[1]

1101. — Der Kaiser feierte Ostern in Lüttich, sein jüngerer Sohn empfing das Schwert. Graf Heinrich empört sich mit dem Grafen Theodorich gegen den König; deshalb belagert dieser sein Schloß Lintburg und brach es; darnach gab sich der Graf selbst in die Gewalt des Königs. Eine Genossenschaft von Mönchen wurde damals zuerst im Kloster der heiligen Gottesmutter Maria in Rosenfeld eingerichtet und Herr Werner zum ersten Abte erwählt.[1]

1102. Der Magdeburger Erzbischof Hartwig starb eines plötzlichen Todes; seine Eingeweide werden in Sankt Johann, der übrige Körper in der Kirche des heiligen Mauritius begraben. Ihm folgte in demselben Jahre Heinrich, erwählt von Geistlichkeit und Volk.

1105. Heinrich der Magdeburger Erzbischof wurde von Gebehard, dem Bischofe der Konstanzer Kirche, welcher ein Legat des Papstes war, und von den Suffraganen der Magdeburger Kirche geweiht. Der Schwabenherzog Friedrich, welcher eine Tochter des Kaisers Heinrich geheirathet hatte, starb.

1106. [— — In demselben Jahre begann Markgraf Ludeger mit Beinamen Udo, als er eine Zusammenkunft mit Herzog Magnus und dem Bremer Bischofe hielt, plötzlich an heftiger Krankheit zu leiden. Als diese zunahm, wurde er an einen Ort Namens Rossevelt gebracht und endete daselbst sein Leben.][2] Seinem Bruder Rudolf ist die Mark acht Jahre lang vom Könige Heinrich überlassen worden, damit er den Sohn desselben Heinrich aufziehe.[3] Gebehard der Hirsunger Abt starb und für ihn wurde Bruno eingesetzt. [Es starb Herzog Magnus, dessen Herzogthum Graf Lutger erhielt. Heinrich der Jüngere [V.] belagert Köln zum Schaden des Vaters. Inzwischen stirbt sein Vater Kaiser Heinrich

---

1) Vgl. den sächs. Annalisten. — 2) Aus den Rosenfelder Annalen. — 3) S. u. 111. Vgl. den sächs. Annalisten 1106. 1114.

in Lüttich]¹ am 7. August und wird in Speier begraben. Thiederich Graf von Kathalanburg starb.

1107. Heinrich Erzbischof von Magdeburg starb und ihm folgte in demselben Jahre Adelgot.

1108. Weihe der Basilika der heiligen Gottesmutter in Roſſevelde.

1109. Das Kloster der Kanoniker in Hamersleve beginnt.

1110. [Gebehard Biſchof von Konſtanz ſtarb. Markgräfin Oda ſtarb.] Dieſe war eine Stieftochter des Herzogs Otto von Nordheim², der, wie oben erzählt iſt, mit ihrer Mutter Namens Richeza drei Söhne erzeugte und drei Töchter, von denen eine Namens Ethilinda Herzog Welf von Baiern heimführte und nachdem er ſie verſtoßen, nahm ſie Hermann von Kalverla und ſie gebar ihm den Grafen Hermann. Die Zweite Namens Ida heirathete den Grafen Thiemo von Witin und gebar ihm zwei Söhne, den Grafen Ded und den Markgrafen Konrad. Die Dritte aber nahm Graf Konrad von Arnesberg, dieſe hieß.......³ und er erzeugte mit ihr den Grafen Friedrich. — Die Propſtei Hildesleve wird in eine Abtei verwandelt, zu deren erſtem Abte Alverich geweiht wird.²

1111. König Heinrich wird auf ſeinem Zuge nach Rom zur Kaiſerweihe friedlich von den Römern aufgenommen, nachdem Geiſeln gegeben und empfangen worden. Nachdem er aber die Stadt betreten, brach er den Frieden und Viele tödtend nahm er den Herrn Papſt mit anderen bedeutenden Männern gefangen und erzwang von ihm ein dem Kirchenglauben widerſprechendes Privileg für ſeine Herrſchaft.

1113. Krieg zwiſchen König Heinrich und den Fürſten Sachſens, bei welchem Wikbert⁴ und Pfalzgraf Sigifrid ſeine Gnade verlieren; dieſem entflohen werden ſie von Hager⁵ in einem Dorfe⁶ überfallen, Wikbert gefangen und dem Könige überſandt,

---

1) Aus den Roſenfelder Annalen. — 2) Vgl. den ſächſ. Annaliſten. — 3) Der Name iſt nicht genannt. — 4) Markgraf der Lauſitz. — 5) Hoyer von Mansfeld, des Kaiſers Feldherr. — 6) Warnſtädt bei Quedlinburg.

Sigifrid aber verwundet, und an dieser Wunde stirbt er bald hernach. Die Barbaren, welche Liutizen heißen, haben auf Anrathen des Markgrafen Rudolf[1] wegen des Hasses, den er gegen Milo[2] hegte, vielen Schaden dem Vaterlande gethan.[3] Herr Hildebold, ein des Andenkens aller Guten würdiger Abt von Magdeburg, starb und ihm folgte im selbigen Jahre Hugo. Werner der Abt von Rosveld starb.

1114. Graf Rodolf gab seinem Brudersjohne Heinrich die Mark zurück, als die acht Jahre um waren.[4]

1115. Mathildis eine sehr mächtige Frau in Longabardien starb. Graf Otto von Ballenstede besiegte mit sechszig Deutschen zweitausend achthundert Slaven, von denen daselbst tausend siebenhundert und mehr gefallen sind, an einem Orte, der Kothin heißt, am 9. Februar.[3]

1116. Herzogin Gertrud starb, die Großmutter des Kaisers Lothar.[3]

1117. Der Diakon und Mönch Bernhard starb. Egeno der Aeltere von Konradsburg erzeugte den älteren Burchard, Burchard der Aeltere den Egino, welcher den Grafen Adalbert von Ballenstede getödtet hat, und er hatte zwei Töchter, von denen eine Namens Gerburg den Folkmar von Domensleve[5] heirathete, und er erzeugte mit ihr den Alverich und Bernhard. Alverich wurde getödtet und hinterließ als Erben seinen Bruder. Der Bruder Bernhard aber übergab sein ganzes Erbgut dem heiligen Mauritius und dem heiligen Nikolaus und wurde selbst Mönch.[3]

1118. Bernhard Bischof von Havelberg starb und ihm folgte Hemmo. Helprich Graf von Plozeke und Graf Hermann, der Vogt der Magdeburger Kirche, starben. Der Priester Bernhard, ein Einsiedler vom Sankt Michaelstein, starb in Christo.[3]

1119. Abt Hugo[6] starb, für ihn wird Arnold erwählt.

1120. Bischof Hemo von Havelberg starb und ihm folgte

---

1) Markgraf der Nordmark, Graf von Stade. — 2) Graf von Ammensleben (westlich von Wolmirstädt). — 3) Vgl. den sächs. Annalisten. — 4) S. o. 1106. — 5) Donnersleben. — 6) Von St. Johann vor Magdeburg.

Gumbert. Kuno von Wippera starb und Graf Thiederich der Aeltere von Ameneslove [Ammensleben].[1]

1121. Bruno der Abt von Hirsungen starb und für ihn wird Folkmar eingesetzt.

1123. Gräfin Adela starb. Die Propstei in Ballenstede wird in eine Abtei verwandelt, in der Johannes zum ersten Abte geweiht wird.[1]

1125. Liutgar [Lothar], des Grafen Gebehard Sohn, Herzog von Sachsen, wird in Mainz zum Könige erwählt.

1126. König Lutger feierte Ostern in Magdeburg.

1127. Graf Karl von Flandern wurde in einer Kirche von seinen Knechten erschlagen. Wilhelm Graf von Poitou starb. Meinfrid der Slave von Brandenburg wurde erschlagen.[2] Der Baiernherzog Heinrich führte des Königs Tochter Gertrud als Gattin heim. In demselben Jahre am 18. Dezember hat Konrad, der Bruder des Schwabenherzogs Friedrich, auf Anstiften einiger Fürsten unrechtmäßig sich den Königstitel beigelegt, weshalb er von den drei Erzbischöfen von Mainz, Salzburg und Magdeburg und ihren Suffraganen gebannt und von der ganzen Kirche mit dem Anathema belegt wurde.

1128. Der König feierte Ostern [22. April] in Merseburg und Pfingsten [10. Juni] in Aachen. Konrad mit falschem Namen König und sein Bruder Friedrich wurden mit ihren Gefährten am Ostertage vom Herrn Papste Honorius und der heiligen Kirche unter Auslöschung der Lichter verdammt und gebannt. Den König Lothar aber segneten sie mit zum Himmel gestreckten Händen und lobten ihn, indem sie ihm vom Herrn Leben und Heil, Frieden und Sieg erflehten. Der Halberstädter Bischof Otto wird in Rom vom Papste Honorius abgesetzt.[3] Markgraf Heinrich, des Markgrafen Udo Sohn, starb. Speier wird vom Könige eingeschlossen, weil der Schwabenherzog Friedrich auf Empörung sinnend es mit den Seinen vorher besetzt hatte.

1129. Der König feiert Ostern [14. April] in Goslar und

---

1) Vgl. den sächs. Annalisten. — 2) Daselbst. — 3) Daselbst.

Pfingsten [2. Juni] in Queblinburg, und auf sein Betreiben wurde das Münster des heiligen Servatius am Montage von den Bischöfen von Hildesheim und Minden geweiht und gewidmet. Markgraf Adalbert nahm in einer Nacht Hildegesburg[1] ein und verbrannte es.[2] Der König hat Speier wiederum mit fester Umzingelung umschlossen und ehrenvoll eingenommen. In demselben Jahre[3] am Gedächtnißtage des heiligen Apostels Paulus [30. Juni] erhob sich unter den Bürgern Magdeburgs eine sehr große Aufregung gegen den Erzbischof Norbert, weil er die größere Kirche, welche, wie ihm gesagt worden war, verunreinigt gewesen, zur Nachtzeit gereinigt habe. Als daher die Unruhe wuchs, stieg er mit den Bischöfen von Meißen und Havelberg und dem Propste des größeren Münsters[4] auf die oberen Theile des älteren Münsters[4] und wurde daselbst sehr lange eingeschlossen, während die Gegner wütheten und ihn schalten, daß er die Altäre erbrochen und die Reliquien der Heiligen diebisch weggenommen habe. Aber die Gnade Gottes hat ihn wunderbarlich ihren Nachstellungen entzogen, und als sie im Bösen beharrten, unterwarf er sie sich durch den Bann. Am Feste des heiligen Michael ereignete sich eine große Windsbraut.

1130. Der König feierte Ostern [30. März] in Bamberg und Pfingsten [18. Mai] in Queblinburg. Graf Udo von Frankenleve wurde von den Leuten des Markgrafen Adalbert erschlagen und Konrad von Eikstede mit vielen Anderen in Halle von den Bürgern derselben Stadt elendiglich getödtet.[5] Papst Honorius starb. Damals haben die Römer sich spaltend zwei Kardinäle erwählt, Gregorius und Petrus Leo, und daraus ist große Verwirrung und Zwietracht in der ganzen Kirche entstanden. Graf Heinrich, des Königs Bannerträger, Bruder des Grafen Ludwig von Thüringen, starb heimlich verwundet und durchbohrt eines frühen Todes, und Burchard von Lukenem[6], ein Graf der Friesen, wurde auf einem Friedhofe von den Streitern seines Herrn, wie

---

1) An der Ohre bei Wollmirstädt. P. — 2) Vgl. den sächs. Annalisten. — 3) Daselbst auch das Folgende. — 4) Klosters? — 5) Vgl. den sächs. Ann. — 6) Lothum.

es dessen Wille gewesen war, hinterlistig umzingelt und treulos gemordet. Diesen Treubruch rächte König Lothar, welcher die Stadt desselben[1], Winzenburg geheißen, belagerte und brach und seine Grafschaft an den oben genannten Ludwig von Thüringen gab. Auch wurde die Nordmark an Konrad, den Sohn Helprichs von Plozeke, übergeben. Gregorius oder Innocentius, welcher bei der Wahl über Petrus Leo die Oberhand erhalten, wird in Wirzburg von König Lothar und allen daselbst Versammelten erwählt und bestätigt.

1131. In der Fastenzeit ward in Lüttich eine allgemeine Synode abgehalten unter Vorsitz des Papstes Innocentius mit einer zahlreichen Menge von Bischöfen, Aebten und Geistlichen verschiedenen Ranges in Gegenwart des Königs Lothar und der Königin Richeza, und daselbst[2] wurden vom Papste und der ganzen dort versammelten Kirche Petrus Leo, Konrad und sein Bruder Friedrich mit allen ihren Anhängern gebannt. Auch hat der vom Papste Honorius abgesetzte Halberstädter Bischof Otto auf Bitte der Kirche und des Königs seinen früheren Sitz wieder empfangen. Der Magdeburger Vogt Heinrich, des Markgrafen Wigert Sohn, erhielt nach Erbrecht die Mark[3] wieder, welche nach dem Tode seines Vaters Graf Adalbert vom Könige erworben hatte. Der König feiert Ostern [19. April] in der Stadt Trier und Pfingsten [7. Juni] in der Stadt Strasburg, und Bruno der dortige Bischof verlor sein Hirtenamt, in welchem Gebehard ihm folgte. Und weil Friedrich mit jenen Landsleuten dem Könige am meisten zu widerstreben versuchte, wurden von diesem zur selbigen Zeit sehr viele Schlösser des dortigen Landes belagert und gebrochen. Nach Sachsen heimgekehrt führte der König ein Heer gegen die Dänen und besiegte sie mächtig, bis sie Geiseln gaben. Nachdem sich wiederum Geistliche und Schaaren von Gläubigen in der Stadt Rheims am Tage des heiligen Evangelisten Lukas [18. Oktober]

---

1) d. h. des Mörders, Grafen Hermann. Vgl. Hildesh. Ann. 1130, 1131 und den sächsischen Annalisten 1130. — 2) Das Folgende wörtlich bei dem sächsischen Annalisten.

versammelt hatten, saß der Papst Innocentius einige Tage lang der allgemeinen Synode vor. Der Kölner Erzbischof Friedrich starb. 1132. Der König feierte Weihnachten in Köln und der heiligen Maria Reinigung [2. Februar] in Bamberg. Ekbert Bischof von Münster starb und ihm folgte Wernher, ein Kanonikus der Halberstädter Kirche, Brudersjohn des heiligen Anno, Erzbischofs der Kölner Kirche. Der König feierte Ostern [10. April] in Aachen und Pfingsten [29. Mai] im Kloster Fulda. Bruno folgte dem Erzbischofe Friedrich von Köln. Der Leichnam des heiligen Hildesheimer Bischofs Godehard wurde am 4. Mai[1] prächtig aus dem Grabe erhoben. Es starben Kuno der Bischof von Regensburg und Hermann der Bischof von Augsburg. Der König feierte die Himmelfahrt der heiligen Maria [15. August] in Wirzburg und von dort zog er mit einem Heere ins Land der Longobarden, und weil der Kölner Erzbischof fehlte, der von Rechtswegen in jenen Gebieten Kanzler sein muß, wurde der Magdeburger Erzbischof Norbert zu diesem Amte bestimmt.

1133. Der König feierte Weihnachten in Italien bei einer Burg, welche Medicina[2] heißt, und als nach den Festtagen Markgraf Konrad von Plozeke im Dienste des Königs weiterzog, wird er von einem Pfeile durchbohrt, und der herrliche Mann starb also, ach! eines zu frühen Todes. Seine Leiche ward in die Heimat gebracht und in Kakelinge bei seinen Eltern der Erde übergeben. Der König aber rückte von dort vor und feierte Ostern [26. März] in Sankt Flavian[3], und als er am 1. Mai nach Rom kam, wird er zu Sankt Johann im Lateran vom Papste, dem Klerus und den Römern herrlich empfangen und feiert daselbst Pfingsten [14. Mai] und noch an demselben heiligen Tage ging er unter Krone zur heiligen Sabina auf dem Berge Aventin. Nachdem er daselbst also sechs Wochen lang ohne Unterbrechung verweilt hatte, hat er endlich nach Rath und Willen der Fürsten unter Vermittelung des Erzbischofs Norbert in der

---

1) Nach d. sächs. Annalisten am 4. März. — 2) zwischen Bologna und Ravenna. — 3) in der Nähe von Rom.

vorgenannten Basilika Konstantins mit seiner Gemahlin vom Papste Innocentius die Kaiserweihe empfangen am 4. Juni, welcher der dritte Sonntag war nach dem Feste der Ankunft des heiligen Geistes. Als dieses so geschehen war, überschreitet der Kaiser die Alpen, feiert die Geburt der heiligen Maria [8. September] in Wirzburg und hielt an seinem Hofe eine ruhmvolle Zusammenkunft mit den Fürsten der verschiedenen Gebiete, sowohl mit denen, welche durch die Erhabenheit geistlicher Würde, als auch mit denjenigen, welche durch Rang in der Welt vorleuchteten. Daselbst werden die Wahlen der Bischöfe Heinrich von Regensburg und Walter von Augsburg bestätigt, und weil der Baseler Bischof vollständig abgesetzt war, folgte demselben der Abt Adalbero von Nienburg nach der Absicht des Kaisers durch kanonische Wahl des Klerus und Volkes.[1]

1134. Der Kaiser feiert Weihnachten in Köln und die Erscheinung des Herrn in Aachen. Graf Adalbert folgt dem Markgrafen Konrad. Der Kaiser feiert Ostern [15. April] in Halberstadt. Dorthin kam einer der Vornehmsten der Dänen Namens Magnus und wird am heiligen Tage durch Handschlag zum Vasallen des Kaisers gemacht und empfing von ihm die Königswürde in seiner Heimat, und mit der Krone derselben geschmückt trug er nach dem Schwure vor dem zur Kirche gehenden Cäsar ehrenvoll das kaiserliche Schwert. In sein Vaterland zurückgekehrt wurde er mit fünf Bischöfen und sechszig Geistlichen von einem gewissen Herich und dessen Bruder erschlagen. Auch der Vater desselben Namens Nikolaus ist in der Stadt Sließwich vor der Kirche, hinterlistig eingeladen und treulos gemordet, elend umgekommen. Der Kaiser feiert Pfingsten [3. Juni] in Merseburg und am Mittwoch derselben Woche starb der Magdeburger Erzbischof Norbert und wurde am Montage der folgenden Woche im Kloster der heiligen Maria begraben. Das Fest der Apostel Petrus und Paulus [29. Juni] feiert der Kaiser in Magdeburg und Konrad, Kanonikus der dortigen Kirche[2], wird mit Beistimmung des Kaisers durch allgemeine Wahl des

---

1) 1132. 1133 vgl. bei dem sächs. Annalisten. — 2) S. o. 1009.

Klerus und Volkes als Erzbischof eingesetzt. Dem Nienburger Abte Adelbero folgte Arnold Abt vom heiligen Täufer Johannes. Berthou Abt von Fulda endete sein Leben durch Gift und ihm folgte mit Erlaubniß des Kaisers ein Mönch desselben Klosters Konrad. Die Himmelfahrt der heiligen Maria [15. August] feiert der Kaiser in Wirzburg und von dort zog er mit einem Heere nach Schwaben des Herzogs Friedrich und seines Bruders wegen, welche eine Stadt der dortigen Gegend Ulm genannt gegen ihn befestigt und die Bürger ihm Widerstand zu leisten angereizt hatten. Aber der Baiernherzog Heinrich hat dem Kaiser zuvorkommend die Stadt erobert, geplündert und mit Ausnahme der Kirchen verbrannt, während der Herzog und sein Bruder von dort flohen und zwölf von den Vornehmeren gefangen mit sich fortführten. Darnach strömten Viele ihrer Landsleute dem Kaiser zu, welcher ihnen seine Gnade schenkte, und sie versprachen ihm dagegen Treue. Als aber der größte Theil des Landes verwüstet war, wandte sich der Kaiser zur Fuldaer Abtei.[1] Von der Noth jedoch getrieben, da er sich von den Meisten aufgegeben und verlassen und seine Anhänger sehr niedergeschlagen sah, begab sich Herzog Friedrich zur Kaiserin, welche mit dem Kaiser an dem genannten Orte verweilte, indem er mit nackten Füßen demüthig genug um ihre Gnade flehte und zugleich hoffte, durch sie, weil sie seine Nichte war, zur Gnade des Kaisers zu gelangen. Dieses geschah auch so. Denn sie ließ ihn durch den Legaten des Papstes, welcher damals zugegen war, vom Banne lösen, durch welchen er sieben Jahre ununterbrochen von der Gemeinschaft der heiligen Kirche ausgeschlossen gewesen. Zuerst nämlich war er mit seinem Bruder im deutschen Lande von den drei Erzbischöfen von Mainz, Salzburg und Magdeburg und ihren Suffraganen gebannt worden[2], dann im folgenden Jahre vom Papste Honorius und anderen geistlichen Männern, welche am Gründonnerstage in Rom zur Synode versammelt gewesen waren[3], zum dritten Male bei dem Lütticher Concil vom Papste Innocenz und der ganzen

---

1) In Fulda finden wir den König am 7. November. — 2) S. o. 1127. — 3) 1128.

Kirche.[1] Aufgenommen also in die Gemeinschaft der heiligen Kirche verpflichtete er sich mit großen Schwüren, daß er dem Kaiser für die Zukunft treu und ergeben anhängen und auf dem nächsten Reichstage vor den Fürsten mit ihrer Hülfe seine Gnade nach= suchen wolle.[2]

1135. Der Kaiser feiert Weihnachten in Aachen und der heiligen Maria Reinigung [2. Februar] in Quedlinburg. Ludwig Abt von Augia[3] wurde in der Kirche von seinen Ministerialen erschlagen, wie das Gerücht ging, durch die Nachstellungen Othel= richs, Bruders des Grafen Friedrich von Zolrn. Der folgte ihm, aber er endete selbst in demselben Jahre sein Leben durch Gift. In den Fasten kam der Kaiser, wie er versprochen hatte, nach Bamberg, wo ein großer Zusammenfluß von Fürsten und Volk geschah und Herzog Friedrich mit den Seinen, obwohl er eine Zeit sich zurückgehalten hatte, öffentlich dem Kaiser zu Füßen fal= lend demüthig seine Gnade nachsuchte und bald gewann. Er ge= lobte auch, mit dem Kaiser selbst im nächsten Jahre nach Italien zu ziehen und befahl in ganz Schwaben, fest den Frieden zu beach= ten, wie es beschlossen gewesen. Ostern [7. April] feiert der Kaiser in Quedlinburg, Pfingsten [26. Mai] in Magdeburg, wo Dudelrich Herzog der Böhmen und die Gesandten Bolizlavs Herzogs der Polanen und Godefrids Herzogs von Lovene[4], auch der Ungarn und Dänen und ebenso der Slaven mit den dorthin zuströmenden Fürsten anwesend waren, welche er sämmtlich mit würdigen Antworten entließ. Die Genossenschaft der kanonischen Nonnen in Lutter wird vom Kaiser in die Lebensregel des heiligen Benedikt verändert und der mit Mönchen vom Kloster des heiligen Täufers Johannes dorthin geschickte Eberhard daselbst zum ersten Abt geweiht, und in demselben Jahre wird das neue Kloster an= gefangen, nachdem vom Kaiser und der Kaiserin selbst die ersten Steine an der Grundmauer gelegt worden. Der Kaiser feiert das Gedächtniß des heiligen Petrus im Gefängnisse [1. August]

---

1) 1131. — 2) Vgl. für 1134 bis 1138 die ausführlichere, aber wiederholt wörtlich stimmende Erzählung des sächs. Annalisten. — 3) Reichenau. — 4) Löwen, d. i. Brabant.

zu Nuenburg [Naumburg] und das Fest des heiligen Laurentius [10. August] und die Himmelfahrt der heiligen Maria [15. August] in Merseburg. Dorthin kamen mit den Ersten des Reiches die Herzoge Bolizlav und Othelrich und, prächtige Geschenke mit sich führend, die Gesandten des Kaisers der Griechen, welche den Kaiser um Frieden und Freundschaft und Hülfe gegen den Tyrannen Ruoker[1] baten, der einen Theil des römischen Kaiserreiches und auch das Land der Griechen gar sehr beunruhigt hatte. Nachdem sie geziemend wiederbeschenkt waren, sandte er sie mit seinen Boten, dem Havelberger Bischofe Anselm und Andern in ihr Land zurück. Bolizlaus aber machte sich am heiligen Tage nach dem Schwur durch Handschlag zum Vasallen desselben und trug dem Kaiser, als er zur Kirche gehen wollte, sein Schwert vor. Darnach reiste er des Gebets wegen zum heiligen Godehard[2] und als er von dort zurückkam, wird er in Magdeburg auf Bitte des Kaisers in festlicher Prozession unter Glockenläuten empfangen, und Niemand erinnerte sich, daß dergleichen jemals früher geschehen, daß eine solche Persönlichkeit also empfangen wurde, außer zur Zeit des ersten Erzbischofs Adalbert[3], welcher den Herzog Hermann von Sachsen, einen klugen, gerechten und in der Vertheidigung der heiligen Kirche eifrigen Mann, dort in ähnlicher Weise empfing; damit jedoch hat er den Kaiser Otto selbst, den Stifter und Gründer selbiger Stadt, sehr beleidigt und, wie sich geschrieben findet, zuletzt kaum versöhnt, obwohl jener von größerer Bedeutung war als dieser[4] Slave und Ausländer. Nach dem Feste des heiligen Michael [29. September] kam der Kaiser nach Mulehusen, wo Konrad, des Herzogs Friedrich Bruder, die Krone und allen Königsschmuck aufgebend, demüthig durch den Magdeburger Erzbischof Konrad vom Banne gelöst wird und darnach durch Vermittelung der Kaiserin vor dem Kaiser auf die Kniee fallend dessen Gnade sich gewinnt.

1136. Der Kaiser feiert Weihnachten in Speier. Der Mark-

---

1) König Roger I. von Sicilien. — 2) d. h. nach Hildesheim. — 3) S. o. 972. — 4) hie aus dem sächs. Annalisten ergänzt.

graf[1] und Magdeburger Graf Heinrich starb damals auf der Reise an den Hof in Mainz und ihm folgte in der Magdeburger Grafschaft des Erzbischofs Bruder Burchard. Die Mark aber wurde dem Markgrafen Konrad verliehen. Der Kaiser feiert Ostern [22. März] in Aachen, Pfingsten [10. Mai] in Merseburg, den Sterbetag der Apostel Petrus und Paulus [29. Juni] in Goslar, und daselbst kam der Havelberger Bischof Anselm auf der Rückkehr von Konstantinopel, wohin er geschickt gewesen war, zu ihm. Havelberg wurde von Widekinds Söhnen eingenommen und die Kirche zerstört. Der Kaiser feiert die Himmelfahrt der heiligen Maria [15. August] in Wirzburg und von dort richtete er seinen Weg zu den Gebieten Italiens.

1137. Der Kaiser feiert Weihnachten in der Landschaft der Stadt Bolonia und Ostern [11. April] in Firma [Fermo], dann drang er in Apulien ein. Dort bei einer Stadt, welche Trana heißt, ließ der Kölner Bischof Bruno sich am Mittwoch vor Pfingsten [26. Mai] zur Ader und am dritten Tage starb er eines plötzlichen Todes. Der Kaiser aber, Romanien und Kampanien durchziehend, betrat die Stadt Bari und daselbst feierte er Pfingsten [30. Mai], und am heiligen Tage sang der Papst im Beisein des Kaisers im Münster des heiligen Nikolaus die Messe. Dort wurde der Erzbischof Bruno von Köln begraben, und ihm folgte der Dekan derselben Kirche Hugo, welcher daselbst vom Papste die Weihe und das Pallium empfing. In derselben Zeit starb der Mainzer Erzbischof Adalbert. Der Kaiser feiert das Fest der Apostel[2] in Melfi, wo der obengenannte Erzbischof Hugo sich zur Ader ließ, am vierten Tage starb und begraben wurde. Nicht viele Tage darauf starb auf demselben Zuge Adalbero der Bischof von Basel. Als der Kaiser nach Trigentina [Trient] kam, feierte er das Fest des heiligen Martin in Freuden, und dort fing er an zu kränkeln. Da aber von Tag zu Tag die Krankheit zunahm und er deshalb seine Reise nicht unterbrach, ist er endlich, als die tödtliche Krankheit überhand nahm, in Breenwa[3], einem an den

---

1) der Lausitz. S. o. 1131. — 2) Petrus und Paulus, 29. Juni. — 3) Breitenwang.

Pässen der Alpen gelegenen Dorfe, am 4. Dezember aus der Welt heimgegangen. Seine Leiche wurde nach Sachsen gebracht und in seiner eigenen Abtei, welche Lutere heißt, zur Erde bestattet.

1138. Meingot der Bischof von Merseburg, von der eben genannten Heerfahrt krank bis nach Schwaben geführt, starb und ihm folgte Ekkilev[1], der selbigen Kirche Propst. In derselben Zeit wurde Lambert, Abt von Ilsenburg und Erwählter der Brandenburger Kirche, auf der Heimkehr von Rom von Räubern erschlagen. Diesem folgte in der Abtei ein dortiger Mönch Sigebodo und im Bisthume Wikker, Propst der heiligen Maria in Magdeburg. Auch ward für den Kölner Erzbischof Hugo der Propst des heiligen Andreas Arnold eingesetzt. Es starb Petrus Leo's Sohn, welcher gegen den Papst Innocentius des apostolischen Stuhles sich bemächtigt hatte. Die Großen des Reiches beschlossen, zu Pfingsten [22. Mai] in Mainz eine allgemeine Versammlung zu halten, um gemeinschaftlich dort denjenigen über das Reich zu setzen, welchen Gott dazu bestimmt haben würde. Indessen haben Einige, welche sich von den Anderen trennten, unter Vermittelung des Kardinalbischofs Thietwin zu Mittfasten [10. März] in der Stadt Confluentia [Koblenz] Konrad, den Bruder des Schwabenherzogs Friedrich, zu ihrem besonderen Könige sich erwählt, woraus hernach nicht geringe Zwietracht und Verwirrung entstanden ist. In demselben Jahr starb Bolizlaus, der Herzog der Polanen; er hinterließ fünf ihn überlebende Söhne, unter welche er vor den Bischöfen und Fürsten jenes Landes seine Erbschaft vertheilte. Von diesen erhielt Bolizlav das Herzogthum in jenem Lande, weil er der Aelteste und ein Schwager[2] des Königs Konrad war. Folkmar der Abt von Korvey starb und ihm folgte aus derselben Genossenschaft erwählt Adalbero, ein Bruder des Herzogs Heinrich. In derselben Zeit wurde das Schloß, welches Bernburg heißt, mit Feuer verbrannt, der Gewaltsamkeiten wegen, welche die Gräfin Eilika mit den Ihrigen von dort aus verübte.

1) Der sächs. Annalist noch zu 1137. Bei demselben findet sich auch meist das Folgende, bis zum Ende des Jahres 1139. — 2) genor. Er hatte Konrads Schwester geheirathet.

1139. Der König feiert Weihnachten in Goslar, woselbst er eine öffentliche Versammlung hielt, aber in Betreff der Befestigung[1] der Regierung wurde dort nichts ausgemacht und also löste sich, als Einige sich weigerten[2], der Hoftag auf, während jener einen ganzen Monat unnütz dort verbrachte. Im Beginn des Februar aber kam er nach Quedlinburg und feierte der heiligen Mariä Reinigung in Erwartung des Magdeburger Erzbischofs Konrad und der übrigen Fürsten Sachsens, welche in Goslar gefehlt und hierher zu kommen gelobt hatten. Als diese kamen und bei diesem Orte herbergten, zog er selbst plötzlich zurück und befahl, daß im nächsten Sommer sicher seine Heerfahrt nach Sachsen gemacht werden sollte. Nach Ostern [23. April] hat der Magdeburger Erzbischof Konrad mit Herzog Heinrich und anderen ihm helfenden Fürsten eine Burg des Grafen Bernhard von Plozeke belagert, erobert und zerstört. Als aber das Fest der Himmelfahrt der heiligen Maria [15. August] sich näherte, versammelte sich derselbe Erzbischof mit dem Herzoge und den erwähnten Fürsten in Cruciburch [Kreuzburg] gegen den König, welcher, wie erzählt ist, versuchte, feindlich in Sachsen einzubringen und es mit allen Kräften zu verwüsten. Nachdem dort durch Unterhändler eine Uebereinkunft gemacht worden, wurde bis auf eine bestimmte Zeit Frieden geschlossen. Darnach wurde in Quedlinburg eine Besprechung gehalten und Heinrich, der edle und brave Herzog der Baiern und Sachsen, hat dort vergiftet am 20. Oktober sein Leben geendet. Seine Leiche wurde in Lutter zur Rechten des Kaisers Lothar beigesetzt.[3]

1140. Es starb Lothowig [VI.] König von Francien; er hinterließ zwei ihn überlebende Söhne, von denen der eine Namens Lothowig [VII.] das Königreich erhielt, der andere aber durch Verletzung der Lebensadern sein Leben endete.[4] Ferner starb Otto, frommen Andenkens Bischof von Babenberg, welcher

---

1) „Der Förderung" de utilitate. Sächs. Annalist. — 2) den König anzuerkennen. — 3) Letzte ausführliche Uebereinstimmung mit dem sächsischen Annalisten. — 4) perectionem (lies per sectionem P.) vitalium vitam finivit. Dieser starb schon 1131 vor einem Vater Ludwig VI. (st. 1137).

durch seine Predigt die Pomeraner bekehrte; ihm folgte Heilbert Kanonikus derselben Kirche. Es starben Graf Lodewich von Thüringen und Pfalzgraf Wilhelm, ferner Bischof Siward von Minden, Bischof Godebold von Meißen und Bernhard Abt von Werben. Für Siward wurde der dortige Abt Heinrich erwählt und für Godebold wurde der Propst an derselben Kirche Reinwald eingesetzt, und dem Abte Bernhard folgte Lambert, ein Mönch selbigen Klosters. In demselben Jahre noch wurden folgende Festen belagert und zerstört: Groninge[1] Anehalt[2], Gebelinzi[3] und Witekke.[4]

1141. Es starb die Kaiserin Richeza und Adalbert der Erzbischof von Mainz; ihm folgte ein in allen Dingen löblicher Mann, Markolf von Askaphanburch.

1142. Es starb der Magdeburger Erzbischof Konrad und Gräfin Eilika und Bischof Otto[5] und Markolf, der Erzbischof von Mainz; diesem folgte in demselben Jahre der Propst der Hauptkirche Heinrich. Auf Konrad folgte im Erzbisthum Friedrich, Kustos der Hauptkirche und Propst von Bivere [Bebra].

1143. Papst Innocentius [II.] starb und ihm folgte der Kardinal Wido als Cölestin [II.] Auch starb der Merseburger Bischof Ekkileo und ihm folgte Reinhard. Es starb Adalbero Abt von Korvey und Herzogin Gertrud[6] und Markgräfin Agnes, die Mutter des Königs Konrad.

1144. Papst Cölestin starb und ihm folgte der Kardinal Gebehard unter dem Namen Lucius [II.] Graf Rothulf von Staben wurde von den transalbingischen Sachsen, welche Tedmarsgoi [Ditmarschen] heißen, erschlagen, weil sie seine Bedrückungen nicht länger dulden wollten. Auch starb Graf Sigifrid von Bruninihurch, und in beiden ging die Linie eines aus dem Alterthum stammenden Geschlechtes elendiglich zu Ende. Auch starb Herzogin Salome, Gemahlin des Herzogs Bolizlav.

---

1) an der Bode bei Halberstadt. — 2) im Selkethal. — 3) Belzig, zwischen Wittenberg und Brandenburg. — 4) an der Holzemme. — 5) von Halberstadt. — 6) Gemahlin Heinrichs des Stolzen.

1145. König Konrad kam um Weihnachten zu feiern nach Magdeburg, und weil er den vom Mainzer Erzbischofe gebannten Grafen Hermann von Staleck bei sich hatte, wurde er von der Geistlichkeit nicht nach Art eines Königs empfangen. Papst Lucius oder Gerhard starb und ihm folgte Bernhard, Kardinal und Abt von Sankt Anastasia, mit Vertauschung des Namens als Eugenius [III.] Es starb die Gräfin Bertrada und ihr Sohn Graf Konrad von Hohenstein. Auch die Markgräfin Luthgart starb. In denselben Weihnachten hat der Magdeburger Erzbischof Friedrich einen großen Theil des Eigengutes des Herrn Hartwich und seiner Mutter Richardis für die Ertheilung von Lehen und eine große Geldsumme zum Eigenthum der Magdeburger Kirche erworben und dadurch den Nachkommen eine große und rühmliche Erinnerung an seinen Namen hinterlassen. Auch war an demselben Hoftage ein Fürst von Polen Namens Petrus zugegen, ein sehr eifriger Anhänger des christlichen Glaubens, der, um in seinem Fürstenthum den katholischen Gottesdienst auszubreiten, den eben genannten Bischof bat, ihm ein Geschenk von Reliquien der Heiligen zuzuwenden und durch Vermittelung des Königs es erhielt. Denn unter einmüthiger Zustimmung sowohl des Bischofs als auch der Kanoniker wurde ein großer Theil der Reliquien des heiligen Bischofs und Bekenners Vincentius ihm geschenkt. Dieses Geschenk wurde aber unter dem Jammern der Bürger am 24. Mai, der damals der Tag der Himmelfahrt des Herrn war, von Magdeburg fortgeführt und am 6. Juni, welcher der Todestag jenes [Bischofs] ist, an seinen Bestimmungsort gebracht und von dem genannten Petrus also mit der größten Ehrfurcht empfangen, daß er zuerst alle Gefangene aus seiner Gewalt entließ und dann mit den versammelten Großen jenes Landes geziemend entgegenzog. Auch hat er die Ueberbringer herrlich beschenkt und unter Uebersendung von Geschenken für den Bischof sehr anständig nach Hause zurückgeschickt. Daß aber der Heilige selbst mit dieser seiner Versetzung zufrieden war, wird dort bis auf den heutigen Tag durch häufige Wunder kund.

1146. Als König Konrad in Cuine[1] Hof hielt, begab sich Wlodisclazo[2], der der Aelteste unter seinen Brüdern war und eine Schwester des Königs geheirathet hatte, zum Könige und versuchte seine Brüder zu enterben, um in dem übernommenen Vaterlande allein das Herzogthum zu bekommen. Als er endlich auf der Heimkehr die Stadt Postnen[3] mit einem Heere belagerte, haben die Brüder, nachdem sie Wenige gesammelt, unversehens den Feinden eine gewaltige Niederlage beigebracht. Bei einer späteren Unterredung mit dem Bruder versicherte dieser sie durch Eidschwur der Treue und des Friedens. Aber Gott, welcher das Verborgene kennt, deckte seine Schwüre auf. Denn, wie erzählt wird, eröffnete er, als an der Stelle des Schwures selbst die Erde barst, den Schlund eines blutigen Flusses. Darnach that er den Brüdern vielen Schaden, aber mit Gottes Hülfe aus dem Lande vertrieben, begab er sich zum Könige, Hülfe heischend gegen die Brüder. Nachdem der König aber mit den Fürsten Sachsens eine Besprechung gehalten hatte, griff er im Augustmonate mit versammeltem Heere Polen an, um den Herzog wieder einzusetzen. Die Brüder jedoch hüteten mit einem großen Heere die vorher befestigten Marschlinien und verwehrten dem Könige den Eingang. Endlich begaben sie sich auf den Rath der Markgrafen Adalbert und Konrad, nachdem gegenseitig Geiseln gestellt waren, zum Könige und empfangen von ihm ihre Heimat, als der jüngere Bruder als Geisel gegeben oder Geld versprochen worden, und so kehrte der König zurück.

1147. Als auf einem Hoftage, welchen der König am Feste des heiligen Märtyrers Georg [23. April] in Nürnberg abhielt, sich die Gläubigen versammelten, welche sich mit der Fahne des lebenspendenden Kreuzes bezeichnet hatten, beschlossen sie, zusammen mit den Herzogen Welpo und Friedrich und mit sehr vielen Anderen, Bischöfen sowohl als Grafen, nach Jerusalem zu ziehen, um die Stadt Roas [Edessa], welche einige Jahre früher in der Nacht

---

1) bei Zeiz. — 2) Bolizlav, ältester Sohn Bolizlavs III. von Polen. S. o. 1138. — 3) Poznan, Posen.

des Weihnachtstages von den Heiden nach Ermordung der Christen verbrannt worden, den Christen wieder zu verschaffen und um die Kraft der Barbaren zu mindern, weil Einer Namens Sanguin [Zenti] den Christen viele Niederlagen beibrachte. Aber ach, durch Schuld der Sünde, nach dem verborgenen Gerichte Gottes blieb die mit menschlichen Kräften begonnene Sache, da sie mehr auf sich als auf den Herrn vertraute, ohne Erfolg. In demselben Jahre am 28. Oktober[1] hat eine Verfinsterung der Sonne ungefähr in der Mitte des Tages die Welt mit entsetzlichem Dunkel bedeckt, so daß ein Kreisbogen nach Art einer Sichel erschien, welche eben das menschliche Blut bezeichnete, das in dieser Zeit vergossen wurde. Denn sie[2], von denen sechshundert fünfzigtausend gezählt waren, wurden vom Konstantinopolitanischen Könige scheinbar wohlwollend empfangen, aber hinterlistig irregeführt; als sie aus Begierde nach Reichthum oder Ruhm oder Sieg eine sehr reiche Stadt der Heiden anzugreifen versuchten, wurden sie vom Könige der Griechen durch wüste und unwegsame Gegenden fortgeführt, und durch achtzehntägigen Hunger und Durst kam fast die ganze Menge um; außerdem wurden sie von den Heiden, welche Türken heißen, umzingelt und leicht ohne Kampf, weil sie von Mühe, Hunger und Durst aufgerieben waren, mit Pfeilen getödtet, wobei auch Graf Bernhard von Plozeke fiel. Der König[3] aber, welcher sich von diesem Schlachten weit entfernt hatte, kehrte endlich mit Wenigen, welche mit ihm den oft angreifenden Barbaren zu entgehen vermochten, nach Konstantinopel zurück und vom Könige der Griechen dort ehrenvoll empfangen, feierte er daselbst Weihnachten und blieb bis zur Reinigung der heiligen Maria [2. Februar 1148] bei ihm. Auch der Frankenkönig Ludwig kehrte mit Wenigen zurück, nachdem fast sechszigtausend auf diesem Zuge vernichtet worden. Der Urheber und Anstifter dieses Zuges war Bernhard Abt von Claravallis, der damals in Wundern leuchten sollte.

In demselben Jahre war um das Fest des heiligen Petrus

1) falsch, am 6. Oktober vielmehr. — 2) die Kreuzfahrer. — 3) Konrad III.

auf göttliche Eingebung und Ermahnung des päpstlichen Stuhles und nach Aufforderung vieler Geistlichen eine große Menge christlicher Streiter, welche das Zeichen des lebenspendenden Kreuzes angenommen, gegen die nach Norden zu wohnenden Heiden ausgezogen, um sie entweder dem christlichen Glauben zu unterwerfen oder mit Gottes Hülfe vollständig zu vertilgen. Da hatten sich zu einer Gesellschaft zusammengethan der Magdeburger Erzbischof Friedrich, die Bischöfe Rotholf von Halberstadt, Wernher von Münster, Reinhald von Merseburg, Wicker von Brandenburg, Anselm von Havelberg, Heinrich von Mähren und der Abt Wibolt von Korvey, Markgraf Konrad, Markgraf Adalbert, Pfalzgraf Friedrich und Pfalzgraf Hermann mit vielen Grafen und sechszigtausend bewaffneten Streitern. Inzwischen hatten sich zu einer andern Gesellschaft vereinigt der Bremer Erzbischof Albero, der Verdener Bischof Thietmar, Herzog Heinrich von Sachsen, Herzog Konrad von Burgund und der hochedle Fürst Hartwig mit vielen Grafen und Edeln und anderen Bewaffneten, an Zahl vierzigtausend Streiter. Auch der König von Dänemark hatte mit den Bischöfen jenes Landes und der ganzen Kraft seines Volkes eine sehr große Menge von Schiffen gesammelt und ein Heer von ungefähr hundert Tausenden gerüstet. Ferner war der Bruder des Herzogs von Polen mit zwanzigtausend Bewaffneten ausgezogen. Auch dessen älterer Bruder ging mit einem ungeheuern Heere gegen die Pruscen, die grausamen Barbaren, und weilte daselbst länger. Gegen diese waren auch die Ruthenen, obgleich sie nicht sowohl das Zeichen des katholischen als des christlichen Namens trugen, auf Gottes unberechenbaren Wink mit sehr großen Schaaren Bewaffneter ausgezogen. Diese Alle nun sind mit großer Zurüstung und Unterhalt und wunderbarer Demuth auf verschiedenen Seiten in das Land der Heiden eingerückt und das ganze Land erzitterte vor ihrem Angesicht, und fast drei Monate lang hin und her ziehend haben sie Alles verwüstet, Städte und Flecken in Feuer aufgehen lassen, auch ein Heiligthum, welches vor der

Stadt Malchon [Malchim] war, mit den Götzen und der Stadt selbst verbrannt.

Zur selben Zeit, acht Tage nach Ostern, das war am 27. April, zog von Köln ein Schiffsheer aus, welches am 19. Mai in einen Hafen von England kam, der Tremunde [Dartmouth] heißt, und dort fand es den Grafen von Flandern mit fast zweihundert Schiffen sowohl der Engländer als der Flandrer. Nachdem er dort drei Tage verweilt, segelte er am Freitage vor den Bitten [23. Mai] von dort ab und acht Tage und Nächte ununterbrochen auf dem hohen Meere sich mühend, landete er endlich, nachdem sie am Tage vor Himmelfahrt und an dem Festtage [29. Mai] selbst von einem entsetzlichen Sturme heimgesucht worden, am achten Tage in einem Hafen Spaniens, der Gohin[1] heißt, mit ungefähr fünfzig Schiffen, da die übrigen nach allen Richtungen zerstreut waren. Nach dreitägiger Ruhe kam er wieder zu einem Hafen an demselben Gestade, der Biver[2] heißt. Von hier ausfahrend, landete er am Freitage vor Pfingsten [6. Juni] in einem Hafen Galaziens Namens Tambre[3]. Acht Meilen ist dieser Hafen von Sankt Jakob[4] entfernt, zu dessen heiligem Grabe er am Pfingstabende kam und das heilige Fest in großer Fröhlichkeit feierte. Von hier zum Hafen zurückkehrend, schiffte er am Montage in der Pfingstoktave [16. Juni] zur Stadt Portugalis[5] und landete im Laufe des Flusses, der Dorus heißt, wo er den Bischof derselben Stadt vorfand, welcher auf Befehl des Königs seine Ankunft in großem Jubel erwartete. Als er dort elf Tage lang auf die Ankunft des Grafen A., welcher durch den erwähnten Sturm von ihm getrennt worden war, wartete, machte er durch das Wohlwollen des Königs einen billigen Einkauf sowohl an Wein, als auch an anderen Dingen und Genüssen. Nachdem er darauf den Grafen A. und die anderen Genossen wiedergefunden, kam er am zweiten Tage zu Schiffe in den Lauf des Flusses, der

---

1) Wohl Gijon am biscayischen Meerbusen. — 2) Bivero, östlich vom Kap Bares an der Nordküste. — 3) Noya an der Mündung des Flusses Tambre. — 4) Santiago de Compostella. — 5) Porto.

Tagus heißt, und landete am Abende des Festes der Apostel Petrus und Paulus [28. Juni] bei Ulixibona.¹ Diese Stadt ist, wie die Geschichten der Sarrazenen erzählen, von Ulixes nach dem Untergange Trojas mit wunderbaren Bauten an Mauern sowohl als Thürmen für menschliche Kraft uneinnehmbar auf einem Berge gegründet worden; vor ihr schlug das ganze genannte Heer seine Zelte auf und nahm am 1. Juli von Gottes Kraft unterstützt ihre Vorstädte ein. Darnach machte es verschiedene Angriffe auf die Mauern unter großem Verluste auf beiden Seiten, und brachte die Zeit bis zum 1. August mit der Errichtung der Maschinen zu. Nämlich man erbaute mit großen Kosten zwei Thürme am Strande, einen auf der östlichen Seite, wo die Flandrer sich festgesetzt, und den zweiten auf der westlichen Seite, wo die Engländer ihr Lager aufgeschlagen hatten. Auch setzte man auf den Schiffen vier Brücken zusammen, um sich den Zugang auf die Mauern der Stadt zu eröffnen. Alles dieses brachte das Heer am Tage der Erfindung des heiligen ersten Märtyrers Stephan [3. August, an die Mauern] heran, aber von widrigem Winde zurückgetrieben und auch von den Magnellen² einigermaßen beschädigt führte man die Schiffe zurück. Während darauf die Kölner auf ihrer Seite mit den Sarrazenen kämpften, bewachten die Engländer ihren Thurm nicht vorsichtig genug, und als er unversehens Feuer faßte, vermochten sie dieses nicht zu löschen. Inzwischen hatten die Kölner mit einer Maschine die Mauer zu untergraben angefangen. Als die Sarrazenen dies sahen, verwandelten sie durch Feuer, dem Oel beigemischt war, dieselbe Maschine in Asche, steinigten auch den Meister der Maschine in der Bresche der Mauer. Außerdem tödteten sie Unzählige mit Magnellen und Pfeilen, wurden freilich aber auch in ähnlicher Weise vielfach mit dem Tode bestraft. Ueber die Zerstörung der Maschinen und die Aufreibung der Ihrigen ziemlich betrübt, aber auf Gottes Erbarmen hoffend, fingen die Kölner an, ihre Erfindungen und Maschinen³ auszubessern. Inzwischen entzogen diejenigen Sarrazenen der Stadt,

1) Lissabon. — 2) Schleudermaschinen. — 3) ingenia et machinas.

welche an Lebensmitteln Ueberfluß hatten, ihren bedürftigen Mitbürgern die Lebensmittel so sehr, daß sehr Viele von Hunger entkräftet starben, Einige von ihnen aber Hunde und Katzen zu verzehren sich nicht scheuten. Der größte Theil von diesen bot sich von selbst den Christen dar und empfing das Sakrament der Taufe. Einige aber von ihnen, welche von den Unsern mit verstümmelten Händen zu den Mauern zurückgeschickt waren, wurden von ihren Mitbürgern gesteinigt. Viel Unglück und Glück, wie der mannigfache Wechsel des Krieges es mit sich bringt, traf sie, doch es aufzuzählen würde zu weit führen. Endlich hat ein Mann von großer Emsigkeit, seiner Abstammung nach ein Pisaner, um den Geburtstag der heiligen Maria [8. September] einen hölzernen Thurm von wunderbarer Höhe in der Gegend, wo früher der Thurm der Engländer zerstört worden war, zusammengestellt und das löbliche Werk sowohl auf Kosten des Königs als auch mit der Arbeit des ganzen Heeres in der Mitte des Oktobers vollendet. In ähnlicher Weise hat einer der Unsern[1] nach seiner Erfindung und mit Vieler Hülfe unter der Mauer der Stadt ungeheuere Höhlungen gemacht; da den Sarrazenen aber dies unbequem war, kamen sie am Feste des heiligen Michael [29. Septbr.] um die dritte Stunde heimlich heraus und setzten bei der Grube den Kampf mit den Kölnern bis zum Abende fort. Die Unsern aber besetzten die Wege, auf denen sie heimzukehren gedachten, so sehr mit Bogenschützen, daß Keiner oder kaum Einer von ihnen ohne Wunde zurückkam. Indem auf dieser Seite die Unsern Tag und Nacht nach Kräften sich mühten, vollendeten sie das mit geglätteten Hölzern ausgefüllte unterirdische Werk an demselben Tage, an welchem der König mit den Engländern seinen Thurm an die Mauern schaffte. Gerade in der Nacht des heiligen Abtes Gallus [16. Oktober], als Feuer in den Graben gelegt war und die Hölzer brannten, stürzte [die Mauer] in der Weite von zweihundert Fuß ein. Die Unsern von dem so großen Sturze erweckt ergriffen die Waffen und stürmten mit ungeheurem Geschrei

---

1) quidam nostras, zu lesen nostrum.

in der Hoffnung, daß die Wächter und Hüter der Mauern ge=
flohen seien. Als sie aber zum Einsturze gekommen waren, erhob
sich vor ihnen ein schwer zugänglicher Berg und eine Schaar Sar=
razenen stand zur Vertheidigung bereit. Nichtsdestoweniger stürmten
aber die Unsrigen und wichen nicht aus dem in der Mitternacht
begonnenen Kampfe bis zur neunten Stunde des Tages. Endlich
von verschiedenen Schlägen aufgerieben, zogen sie sich aus der
Schlacht zurück, bis verabredeter Maßen der Thurm herangebracht
und die Menge der Sarrazenen auf beiden Seiten angegriffen
würde. Und siehe, der mit kriegerischen Männern erfüllte Thurm
überragte die Mauer. In derselben Stunde griff das Heer auf
unserer Seite, an dessen Spitze mit Recht die Lotharinger kämpf=
ten, die Sarrazenen in bewunderungswürdigem Ansturm an der
Mauerlücke an. Inzwischen kämpften die Streiter des Königs,
welche von der Burg[1] aus kämpften, durch die Magnellen der
Sarrazenen erschreckt, nicht männlich genug, so daß die heraus=
kommenden Sarrazenen den Thurm verbrannt hätten, wenn sich
nicht Einige von den Unsern entgegengestellt hätten, welche zu=
fällig zu ihnen gekommen waren. Als die Nachricht von dieser
Gefahr den Unsern zu Ohren kam, sandten wir die Besten von
dem Heere auf unserer Seite herüber zur Vertheidigung des
Thurmes, damit nicht in ihm unsere Hoffnung vernichtet werden
möchte. Die Sarrazenen aber, welche die Lotharinger mit so
großer Begeisterung auf den Thurm steigen sahen, wurden durch
solche Tapferkeit so erschreckt, daß sie die Waffen niederlegten
und baten, ihnen zum Zeichen des Friedens die Hand zu geben.
Also geschah, daß ihr Fürst Aichada sich mit uns zu einem Ver=
trage einigte, nach welchem unser Heer ihr ganzes Hausgeräth
sammt Gold und Silber erhalten, der König aber die Stadt mit
den nackten Sarrazenen und das ganze Land bekommen sollte.
Gewonnen wurde dieser Sieg Gottes, nicht der Menschen, über
zweihunderttausend und fünfhundert Mann von den Sarrazenen
am Feste der eilftausend Jungfrauen [21. Oktober].

1) d. h. vom Thurme des Pisaners.

1148. Ein schneereicher und rauher Winter, wodurch der lange unter tiefem Schnee begrabene Weizen verdarb. Der Magdeburger Erzbischof Friedrich und einige andere Fürsten Sachsens trafen mit den polnischen Herzogen Bolizlav und Miseko am Tage der Erscheinung des Herrn [6. Januar] in Crussawice zusammen und schlossen mit ihnen ein Freundschaftsbündniß. Daselbst hat auch Markgraf Otto, des Markgrafen Adalbert Sohn, die Schwester der polnischen Fürsten zur rechtmäßigen ehelichen Verbindung erhalten. Zu Mittfasten [19. März] hielt Papst Eugenius in Rheims ein Concil, wo einer zu ihm gebracht wurde, der vom Geiste des schlimmsten Irrthums verführt unter Beilegung des Namens Eus in Gaskonien und den benachbarten Gegenden sich als Gott verkündet und das dortige dumme Volk in seinen Irrthum hineingezogen, auch ihm sowohl Befehle als Schriften seiner Irrlehre gegeben hatte. Er hatte auch mehrere Bisthümer zerstört und sehr viele Klöster frommer Männer, welche seiner Irrlehre nicht anhängen wollten, aufgehoben. In der Mitte des Concils befragt bekannte er seinen Irrthum und wurde zum Gefängniß in einem Käfige bestimmt und zur Strafe ewiger Verbannung verurtheilt. Auf demselben Concile hat Magister Giselbert seine Schriften gegen alle seine Verläumder mit großen Beweisen aus den heiligen Vätern wie ein Geistlicher vertheidigt. In demselben Jahre kommen der König der Römer und der König der Franken nach Jerusalem, belagern Damaskus, aber vom Jerusalemer Könige um seine Hülfe betrogen, richteten sie nichts Besonderes aus. Robilbern, der Fürst der Pommern, kam im Sommer mit den Fürsten Sachsens in Havelberg zusammen und bekannte daselbst den katholischen Glauben, den er durch die Predigt des Babenberger Bischofs Otto frommen Andenkens seit lange angenommen hatte, und er versprach, gelobte und schwor, sich zur Vertheidigung und Verbreitung der christlichen Religion stets mit allen Kräften anstrengen zu wollen.

1149. Die Könige kehrten von der Heerfahrt heim.

1150. Vom Abende der Geburt des heiligen Täufers Johannes

[23. Juni] an häufig mit großem Entsetzen erfüllende Gewitter, schreckliche Blitze, furchtbare Stürme, eine Menge Regen, gewaltige Ueberschwemmung, dunkle und stinkende und dichte Nebel, und es folgte schwere Pestilenz und Sterblichkeit sowohl unter Menschen als Vieh und großer Fruchtmangel; daher folgte auch im folgenden Jahre vor der Ernte eine so große Hungersnoth, wie die Menschen jener Zeit nicht früher gesehen hatten. Denn es versichern diejenigen, welche in der Gestirnkunde einige Erfahrung gesammelt zu haben prahlen, daß in jenem Jahre die Herrschaft des Saturnus gewesen, der nach Vollendung seines Laufes, den er in dreißig Jahren vollbringt[1], beim Wiederbeginne des beendeten Weges in großer Ueberfülle der Flüsse, in großer Pestilenz und Sterblichkeit, in Unfruchtbarkeit des Landes, in Hungersnoth und Rauhheit der Luft oder auch in anderen verschiedenen Störungen seine Herrschaft ausübt. Der Winter war rauh und lang und sehr ins folgende Jahr ausgedehnt.

1151. Windiger Herbst. Es starb Erzbischof Arnold von Köln und ihm folgte der Kanzler Arnold. Es starben Markgräfin Richardis, Ludwig von Wipper und Bischof Wernher von Münster. Für ihn [wurde erwählt] Friedrich.

1152. Ein warmer Wind in der Nacht der Beschneidung des Herrn. Graf Lambert starb. Graf Hermann von Winzenburg wurde am 29. Januar, am Dienstage nach Septuagesima, mit seiner Gemahlin Linchardis erschlagen. König Konrad starb. Herzog Friedrich wird an Mittfasten [7. März] durch einmüthige Zustimmung aller Fürsten zum Könige gewählt. Am 15. Januar starb Erzbischof Friedrich von Magdeburg.

1153. *König Friedrich betrat friedlich Sachsen.[2] Heinrich der Erzbischof von Mainz wird von den Legaten des Herrn Papstes abgesetzt und ihm folgte der Kanzler Arnold. Ebenso wird Bischof Heinrich von Minden abgesetzt und ihm folgte Wernher. Ferner wird der Hildesheimer Bischof Bernhard von

---

1) Genauer in 29 J. 166 T. 23 St. 16 M. 32 S. — 2) Sätze, welche wörtlich mit den Pöhlder Annalen stimmen, bezeichne ich mit * am Anfange.

seinem Bisthum entbunden und stirbt; ihm folgte Bruno. Papst Eugenius starb und ihm folgte Konrad als Anastasius [IV.] Wigbold kam mit vielen Anderen in Friesland um. Markgräfin Irmingard starb. *Friedrich wurde vor den Legaten des Papstes von seiner Gemahlin geschieden.

1154. Eine Mondfinsterniß ereignete sich. König Friedrich zog nach Rom. *König Friedrich feiert Ostern in Magdeburg. Dem Papste Anastasius folgte der Bischof von Albano Nikolaus als Adrian [IV.]

1155. König Friedrich wird vom Papste Adrian durch die Kaiserweihe erhöht und *kehrt gekrönt mit Sieg und großem Ruhme heim. *Sueno der König der Dänen wird von den Großen des Reiches aus dem Königreiche vertrieben und sein Königthum wird von seinen Neffen Knut und Waldamar in Besitz genommen.

1156. Heremann der Bischof von Utrecht starb und ihm folgte Godefrid. Kaiser Friedrich feierte Ostern in Münster. Er hielt am 1. Mai eine Versammlung in Halberstadt. Der Kölner Erzbischof Arnold starb und ihm folgte Friedrich. Herzog Heinrich greift Friesland feindlich an, aber kehrt unverrichteter Sache zurück. *Kaiser Friedrich hielt in Regensburg eine Versammlung, wo durch seine Vermittelung Herzog Heinrich von Sachsen das Herzogthum Baiern gewann. Heinrich von Baiern behielt die Mark jenes Landes. Markgraf Konrad starb.[1] *Herzog Heinrich setzt den Dänenkönig Sueno wieder in sein Reich ein.

1157. Brandenburg wird belagert und erobert. Kaiser Friedrich greift Polen feindlich an. *König Kanut wird von Sueno hinterlistig gemordet; Waldomar aber ist verwundet kaum entkommen. *Nicht lange Zeit darnach wurde zwischen Sueno und Waldomar eine Schlacht geliefert; des Sueno Anhang wurde besiegt, er selbst aber auf der Flucht gefangen und getödtet.

[1158.] *Kaiser Friedrich feiert Weihnachten in Magdeburg. *Markgraf Adalbert zog um das Grab des Herrn zu besuchen

---

1) Nach den Pöhlder Annalen erst 1157. P.

nach Jerusalem. Am Tage der Reinigung [2. Februar] wurde in Hoftag gehalten.

1158. *Kaiser Friedrich hielt in Frankfurt eine Versammlung[1], Ostern aber feierte er in Utrecht. Er zog feindlich nach Italien und belagerte Mailand. Abt Wigbold von Korvey starb in Griechenland. *Herzog Heinrich dringt mit einem Heere in Slavanien ein und verwüstet das Land mit Feuer und Schwert. *In demselben Jahre entstand ein Sturm, der Wirbelwind riß ungeheuere Bäume mit den Wurzeln aus, stürzte Kirchen mit Häusern und Gebäuden um, auch hat eine Ueberschwemmung eine Menge Menschen und Vieh vernichtet. Der Erzbischof Friedrich von Köln starb.[2]

1159. Herzog Heinrich und die übrigen Fürsten kommen mit dem gesammelten Heere nach Italien. Dem Kölner Erzbischofe Friedrich folgte der Kanzler Reinold. Der Kaiser belagert das Schloß Grimme [Crema], während die Mailänder sich empören. Papst Adrian starb, und ihm folgte Oktavian oder Viktor [IV.] *Herzog Heinrich empfing, um die Christenheit zu vergrößern, vom Kaiser Vollmacht, in Slavanien Bischöfe einzusetzen und zu belehnen.

1160. Das Schloß Grimme wird dem Kaiser übergeben, nach der Uebergabe aber von Grund aus zerstört. *Markgräfin Sophia[3] starb. *Der Mainzer Erzbischof Arnold wird in dem Vorhofe der Kirche des heiligen Jakob von seinen Feinden, Bürgern derselben Stadt, überfallen und getödtet und die Kirche selbst wird mit allen Gebäuden des Klosters verbrannt. Mondfinsterniß. *Herzog Heinrich drang feindlich in das Land der Slaven ein, verwüstete das ganze mit Feuer und Schwert, tödtete ihren Fürsten Niuklath oder Nikolaus und unterwarf sich die Empörer. Der Bischof Odelrich von Halberstadt wird abgesetzt und seine Stelle wird mit dem Propst Gero besetzt. Dem Korveher Wigbold folgte Konrad. *Kaiser Friedrich kämpfte mit den Mailändern; nachdem sehr Viele getödtet waren, entriß er ihnen die Fahne des

---

1) Das ist der vom Schreiber irrthümlich zu 1157 gesetzte Hoftag des 2. Februar. — 2) Pöhlder Annalen zu 1159. — 3) Gemahlin Albrechts des Bären.

heiligen Ambrosius und behielt den Sieg. *Herzog Heinrich belehnte die in Slavanien eingesetzten Bischöfe: Gerold in Aldenburg, Evermod in Razzisburg und Verno in Magnopolis [Mecklenburg], der in die Stadt Zuarin [Schwerin] versetzt wurde.

1161. Bischof Bruno von Hildesheim starb und ihm folgte Hermann. Gero der Halberstädter Bischof empfing vom Papste Viktor das Recht, das Pallium zu tragen. *Große Zwietracht zwischen Herzog Heinrich und dem Regensburger Bischofe.

1162. Mondfinsterniß. Mailand wird dem Kaiser übergeben. Pfalzgraf Friedrich stirbt. Versammlung in Bisantium [Besançon].

1163. *[1]Herzog Heinrich zwang die Burg der Slaven Werla durch Belagerung zur Ergebung. Kaiser Friedrich hielt in Mainz eine Versammlung, zerstörte die Mauer der Stadt und die Häuser und strafte die Mörder des Bischofs theils am Leben, theils am Vermögen. Herzog Heinrich stiftete eine Genossenschaft von Geistlichen in Lubeke und ließ eine von Holz erbaute Kirche zur Ehre der heiligen Maria und des heiligen Nikolaus weihen. Hierher zur Einweihung[2] kamen die Fürsten der Insel Rügen des Friedens wegen.

1164. Gewaltige Bewegung am Himmel, Wirbelwinde und Zucken der Blitze erschienen schrecklich an vielen Orten. Aber auch die zu Hügeln anwachsenden Fluten des Meeres drohten allen an den Küsten Wohnenden den Untergang. Ein von Norden aber sich erhebender Wirbelwind zerschlug die Wasserberge und machte, daß das Wasser in allen Flüssen an der Küste zurückfloß, wodurch *unzählige Inseln mit Menschen, Vieh, Häusern, Gebäuden, Vorräthen, Kirchen und Kirchdörfern von Grund aus weggerissen und vernichtet worden sind. Die im Wasser ertrunkenen oder durch die Kälte erstarrten Menschen, deren Zählung nicht möglich war *erfüllten die Ufer der Flüsse mit Leichen. *Einige auch, welche sich auf hölzernen Häusern oder in Kähnen befanden, wurden

---

1) Dieses ganze Jahr stimmt wörtlich mit den Pöhlder Annalen. — 2) Die Pöhlder Annalen: ad deditionem „zur Ergebung."

durch die Gewalt der Winde und Fluten lebendig weit in andere Gegenden und Länder getrieben und es war großes Jammern, Seufzen und Geschrei der Sterbenden zu hören und zu sehen. *Dieses geheimnißvolle Elend soll im Nordwesten[1] am 17. Februar kläglich geschehen sein. *An demselben Tage wurde in der Stadt Magnopolis eine Menge Christen von den Slaven getödtet und gefangen. *Einige Zeichen sollen an der Sonne und in den Wolken erschienen sein. *Große Zwietracht zwischen dem Erwählten von Köln Reinold und dem Pfalzgrafen vom Rhein wegen des Schlosses Nineke [Rheineck]. *An vielen Orten wurde die Frucht der Aecker vom Hagel zerschlagen. Papst Viktor starb und ihm folgte Wido von Cremona als Paschalis [III.][2]

1165. Das prächtige Kloster der Mägde Gottes in Herse brannte aus. Zwietracht zwischen dem Könige von England und dem Könige von Karlingien[3], welche der Kölner Erzbischof Reinold aus folgendem Grunde angestiftet hat: Als derselbe Erzbischof eine Botschaft des Kaisers bei dem Könige von Francien ausrichtete, wurde er anfangs von ihm ehrenvoll empfangen, aber nachdem er die Sache, derentwegen er gekommen war, beinahe erreicht hatte, wurde sie von dem dazukommenden Bischofe von Beauvais gehindert; und so kehrte der Erzbischof im Unwillen unverrichteter Sache heim.

1166. Blitze und schrecklich wüthende Donner und häufige für die Sommerernte unbequeme Ueberschwemmungen und eine große Sterblichkeit unter Kindern und Vieh. Der Magdeburger Abt Arnold hinterließ, als er glücklichen Andenkens aus dem Irdischen genommen ward, ein berühmtes Denkmal von sich. Ihm folgte in demselben Jahre Sifrid, aus derselben Genossenschaft erwählt. Fehde zwischen Herzog Heinrich und dem Erzbischofe Wigmann und den übrigen Fürsten Sachsens.

1167. Das Schloß Halbeslove und Neindorp wird zerstört. Während der Kaiser in Italien tapfer wirkte, haben die Römer,

---

1) also in Friesland. — 2) Nach den Pöhlder Annalen zum folgenden Jahre. — 3) Frankreich.

an vierzigtausend Mann stark versammelt, den dem Kaiser treuen Tusculaner am Tage der Pfingsten [27. Mai] belagert. Als dies bekannt wurde, zog Christian, der Erwählte von Mainz, mit den Flandrern und Brabantern heran und schlug neben ihrem Lager sein Lager auf. Als die Römer voll Zorn sich mit ihnen in einen Kampf einließen und als es schon so weit gekommen war, daß sie den Römern den Rücken wandten, da kommt der Kölner Erzbischof Reinold herbei, während der inzwischen abwesende König nichts davon wußte, und unter Vortragung der Fahne des heiligen Petrus und rühmendem Anrufen seines Namens griffen sie jene mit so großer Tapferkeit an, daß sie achttausend tödteten und viertausend gefangen nahmen und die Uebrigen verwundet kaum entflohen; unter diesen fingen sie den Sohn eines Otto Frangepani, den sie denjenigen, welche ihn um vieles Geld loskaufen wollten, nicht herausgaben. Dieser Sieg wurde am Pfingstmontage [29. Mai] gewonnen.

1168. Die italienischen Fürsten empören sich gegen den Kaiser. Dem Kölner Erzbischofe Reinold folgte der Kanzler Philipp.

1169. In Syrien wurden Antiochia und andere Städte durch ein Erdbeben von Grund aus zerstört; eine von ihnen, welche von einer Erdspalte verschluckt wurde, zeigt sich als ein unergründliches stehendes Gewässer. Der Dänenkönig Waldomar zog in Verbindung mit den Fürsten der Liutizen gegen die Rugianer, zerschlug ihre Götter, nachdem er viel Gold und Silber aus ihrem Haupttheiligthume fortgenommen, und drückte ihnen den Schatten des Christenthumes auf[1], der jedoch in Kurzem durch seine Habsucht und den Mangel an Lehrern und durch ihre Trägheit verschwand. Daniel, der Prager Bischof von Böhmen, starb und ihm folgte Friedrich, aus dem Magdeburger Chor genommen.

1170. Kaiser Friedrich feiert Weihnachten in Speier. Ungewöhnliche Hitze des Sommers, so daß an vielen Orten die Erde, deren Bäume verbrannt waren, viele Reisende sowohl

---

1) umbram eis christianitatis impressit, sonst heißt die Redensart gewöhnlich sigillum christ. impr., aber umbra ist hier von Bedeutung.

Reiter als Fußgänger durch unvorsichtigen Sturz in Staublöcher in Gefahr brachte; diese Hitze begleitete eine große Sterblichkeit unter den Menschen. Gerung Bischof von Meißen starb und ihm folgte Martin, Kanonikus derselben Kirche. Markgraf Adalbert starb.

1171. Abt Eberhard von Nienburg starb und für ihn wird der Magdeburger Abt Sifrid eingesetzt. Kaiser Friedrich hielt acht Tage nach dem heiligen Martin [18. November] einen Hoftag in Goslar, auf welchem er das Erbgut des Grafen Bernhard, des Sohnes des Markgrafen Adalbert, Namens Plozeke forderte, in Folge dessen zwischen dem Kaiser und den Brüdern desselben Grafen schwere[1] Feindschaft entstand, die aber bis zum Feste des heiligen Täufers Johannes vertagt wurde. Ein plötzliches Sterben der Menschen und eine schwere Pestilenz des Viehes verwüstete sehr viele Provinzen.

1172. Bei einer Mondfinsterniß, welche acht Tage nach Epiphanien zur Vollmondszeit in der Nacht geschah, erschien der Mond in nie gesehener Weise fast vier Stunden lang nicht. Im Monat eine gewaltige Windsbraut, und im Februar blitzte es häufig. *Landgraf Ludwig starb.

1173. Nachdem am 11. Februar eine rothe Wolke am Himmel erschienen, folgte eine große Dürre des Landes, so daß, da die Frucht verdorrte, in den meisten Gegenden auch keine Aushülfe für die künftige Saat sich fand. Ferner stieg aus der Erde ein dichter Nebel auf, von welchem die Menschen ein gefährlicher Husten befiel, und die Krankheit nahm schlimm zu, indem Viele und besonders die Schwangeren an ihr starben. An ihr starb Ludwig der Bischof von Münster.

1174. Nach der Himmelfahrt der heiligen Maria [15. August] bringt der Kaiser mit seinem Heere in Longobardien ein, züchtigt das treulose Volk mit gerechter Strafe und belagert und bestürmt endlich die Stadt Alexandria, und im Wechsel des Glücks wird er weder als Sieger noch als Besiegter erfunden, und also wurde die

---

1) Ich lese gravis für gratis.

ganze Winterszeit bei dieser Belagerung verbracht. In diesem Jahre wurden viele Häuser durch die Gewalt der Winde zerstört und bejahrte Stämme ausgerissen; Früchte waren in Fülle, der Wein mißrieth.

1175. Als schon fast die Fastenzeit dieses Jahres vorbei war, bringen die Gegner des Kaisers aus verschiedenen Städten ein starkes Heer zusammen und stellen sich auf, als wollten sie gegen den Kaiser kämpfen. Als der Kaiser dieses hört, hebt er die Belagerung auf und zieht unerschrocken gegen die Feinde. Und siehe die furchtbare Schaar des Lagers, deren Wille sich plötzlich ändert, legt die Waffen nieder; sie setzen sich das Schwert an die Kehle und werfen sich ohne Bedingung dem Kaiser zu Füßen. Diese nahm der Kaiser in kaiserlicher Milde zu Gnaden an und begab sich in die Stadt Pavia. Herzog Heinrich, welcher mit einem starken Heere den Bodefluß überschreitet und bei Groninge den Anfang der Verwüstung macht, verheert zum Schaden des Grafen Bernhard Alles mit Feuer, wobei er auch die berühmte Stadt Ascherlebe verbrennt, die Steinbauten aber durch Stöße erschüttert und die erschütterten umreißt und zerstört. Dabei verbrannten auch einige Kirchen mit ihren Kirchhöfen, mit denen einige Menschen zu Grunde gingen. Das Schloß, welches Helpede [Helfta][1] heißt, wird von dem Landgrafen aus einem Hinterhalte umzingelt und eingenommen. Der Kaiser giebt allen Bischöfen und den übrigen Fürsten, welche mit ihm nach Longabardien gekommen, Urlaub zur Heimkehr, indem er wenige Ritter bei sich zurückbehält. Als die Longabarden nun den Kaiser vom deutschen Heere verlassen sahen, brachen sie ihren Schwur und das Gelöbniß der Unterwerfung, und verschmähten es, am bestimmten Tage zum Hofe des Kaisers zu kommen. Von schwerem Unwillen darüber erfaßt, verheimlichte der Kaiser jedoch seinen Zorn, weil er das weit entfernte Heer nicht so schnell versammeln onnte, und brachte die übrige Zeit dieses Jahres friedlich in

1) bei Eisleben.

Pavia und Ravenna und in mehreren andern Städten zu, welche zu ihm treu gewesen waren.

1176. Der Kaiser sandte Briefe durch alle Theile des deutschen Reiches an die Erzbischöfe, Bischöfe und Aebte, Herzoge, Markgrafen und Grafen, indem er ihnen bei seinem kaiserlichen Ansehen befahl, ihm zu Hülfe zu kommen. Deshalb sind die Erzbischöfe Wichmann von Magdeburg und Philipp von Köln mit allen Bischöfen, Fürsten und Rittern, welche sie an sich zu ziehen vermochten, nachdem sie noch zu Hause das Osterfest [4. April] gefeiert hatten, acht Tage nach demselben Feste in großer Freude ausgezogen und nach Uebersteigung der Joche der Alpen in Longabardien eingedrungen. Als der Kaiser, der sich zu Pavia befand, ihre Ankunft erfuhr, ging er ihnen mit Wenigen entgegen und empfing sie in großer Freude. Plötzlich aber wurde die Freude in Trauer verwandelt, weil sie hörten, daß die Longabarden ihnen in großer Menge entgegenkämen und daß auf allen Straßen, auf denen der Weg nach Pavia ging, Hinterhalte gelegt seien. Wie der Kaiser sich von den Feinden umzingelt und nirgends die Möglichkeit sah, so lange auszuweichen, bis der Mainzer Erzbischof Christian und der Markgraf von Monteferran [Montferrat] und die Pavienser mit vielen anderen Getreuen herbeikommen könnten, zog er einen ehrlichen Tod der schimpflichen Flucht vor, und sich Gott vertrauend griff er sie an. In diesem Kampfe wurde von den wenigen Deutschen gut und heftig gestritten, von deutschen Rittern sind zwei dort gefallen, die Meisten aber gefangen fortgeführt worden. Von den Longabarden fiel daselbst eine große Menge, von ihnen wurden Wenige gefangen. Der Kaiser, der sich durch sie mit dem Schwerte einen Weg machte, kam mit Wenigen unversehrt nach Pavia; von den Uebrigen, die nach allen Richtungen zerstreut waren, kamen einige in der Nacht, andere am zweiten oder dritten, einige selbst am siebenten Tage. Die Longabarden hofften, daß der Kaiser getödtet worden, und suchten ihn sorgsam unter allen Leichen der Getödteten; als sie aber nach wenigen Tagen erfuhren, daß er unversehrt nach Pavia gekommen und Niemand von den Fürsten gestorben oder gefangen war, verfluchten sie den Sieg selbst, welchen sie errungen hatten, und hielten ihn für Nichts. Dieses ist geschehen am Pfingstsonnabende, wann das Fasten der Quatuortempora gehalten wird. Die Bischöfe Deutschlands und Longabardiens beschlossen, die schon lange zwischen dem Papste Alexander [III.] bestehende Feindschaft zu Eintracht und Frieden zurückzuführen.

1177. Papst Alexander kommt nach Venedig und erwartet den in Classis[1] weilenden Kaiser. Am Tage vor dem heiligen Jakob [24. Juli] kommt der Kaiser nach Venedig, wo er, lange erwartet und ersehnt, von den Kardinälen und Bischöfen und Edeln und einer unendlichen Volksmenge sehr ehrenvoll empfangen wird und vor dem Münster des heiligen Markus zur Eintracht und zum festen Frieden mit dem Papste durch den Friedenskuß zurückkehrt. Er bestätigt den Bischof Christian von Mainz, den sein Titel des Eindrängens anklagte, im Bisthum.

1178. Papst Alexander wird von den Bischöfen von Mainz und Worms und mehreren anderen Bischöfen und edeln Männern, welche der Kaiser ihm mitgab, nach Rom zurückgeführt und ehrenvoll empfangen. Zwischen dem Halberstädter Olrich und Herzog Heinrich entsteht ein gefährlicher Streit; der Bischof erbaute die Stadt, welche die Neustadt heißt, neben Halberstadt. Papst Alexander kündigte allen Kirchenprälaten kraft apostolischer Vollmacht ein allgemeines Concil in Rom an.

1179. Das allgemeine Concil wurde vom Herrn Papste zu Mittfasten [9. März] in Rom gehalten, wo drei Patriarchen und fast aus der ganzen Welt die Bischöfe, Aebte und Prälaten der Kirchen mit einer unzählbaren Menge Gläubiger anwesend waren; auf demselben bestimmte er über die während des Schisma Geweihten und sonst, was nach den Zeitumständen zu bessern oder zu gestatten war. Der Kaiser kam am Feste des heiligen Johannes [24. Juni] nach Magdeburg, um einen Hoftag zu halten, und am Tage der Apostel Petrus und Paulus [29. Juni] ging er

---

1) Hafen von Ravenna.

gekrönt mit seiner Gemahlin und seinem Sohne, dem Könige, in Prozession. Der in diesem Jahre harte Winter nahm auch die Frühlingszeit in Anspruch, so daß Blüthen an den Bäumen erst am 19. Juni erschienen. Im September wird von den Rittern des Herzogs Heinrich die Stadt Halberstadt eingenommen, und nachdem Viele getödtet und verbrannt waren, wurde die ganze Stadt und der größere Dom und fast alle Kirchen[1] vom Feuer verzehrt. Bischof Olrich wird gefangen fortgeführt. Der Erzbischof von Magdeburg belagerte mit den Fürsten des Ostens und dem Kölner Erzbischofe die Stadt Halbesleve; *von dieser Belagerung kehrten sie unverrichteter Sache zurück, als unter ihnen Zwietracht entstanden war. Herzog Heinrich verbrannte die Stadt Kalve und das Gebiet des Magdeburger Bisthums.

1180. Der Kaiser feierte Weihnachten in Ulm. Bischof Olrich wird aus der Gefangenschaft gelöst. Herzog Heinrich, welcher vom Kaiser zum Hoftage nach Wirzburg geladen zu kommen verschmähte, wird durch den Spruch der Fürsten als Hochverräther verurtheilt, seiner Lehen beraubt zu werden; für ihn wird Graf Bernhard ins Herzogthum von Sachsen eingesetzt. Vielfach gegen das Reich wüthend, verbrannte Herzog Heinrich Northusen; als er von dort zurückkehrte, kamen ihm der Landgraf und Herzog Bernhard mit einem gesammelten Heere bei Wizenze [Weißensee] entgegen, aber bei dem unternommenen Streite bleibt Herzog Heinrich Sieger. Der Landgraf mit seinem Bruder und sehr Viele von den Rittern werden gefangen fortgeführt. Der Kaiser feierte Pfingsten in Wirzburg. Sigifrid, Abt auf dem Berge des heiligen Johannes, wird zur königlichen Kirche Hersfeld versetzt. *Der Bischof Olrich von Halberstadt starb und ihm folgte Theodorich, erwählt aus derselben Kirche.

Der Kaiser beraubte Heinrich des Herzogthums Baiern und mit einem Heere nach Sachsen vordringend, nahm er viele Städte des Herzogs, welche entweder gezwungen oder friedlich zu ihm traten. Ein Bernhard von Lippe greift von der Stadt Halbesleve

---

1) Der Verf. fügt nochmals hinzu: „mit der Stadt."

her mit Allen aus demselben Orte die Stadt Magdeburg und ihr Gebiet mit vielen Verwüstungen an.

1181. 1182. 1183. 1184. 1185.[1]

1186. Udo, der Bischof von Zeitz, starb und ihm folgte Berthold, ein Kanonikus der Kirche von Nuenburg [Naumburg]. Bei der Rückkehr aus Longobardien erfuhr der Kaiser den noch verborgenen bösen Willen fast aller Bischöfe des deutschen Landes welchen Papst Urban [III.] durch seine Briefe und Boten bei ihnen angeregt hatte. Deshalb beschuldigt der Kaiser sie in Worms wohin er sie berufen hatte, der Umtriebe gegen das Reich. Aber sie leugneten und reinigten sich mit Ausnahme des Mainzers durch einen Schwur vom Verdachte; der Kölner aber kam weder noch leugnete er. Darüber schwer erzürnt, bestimmte der Kaiser ihm einen Hoftag in Strasburg zur Reinigung.

1187. Der Kaiser sandte, um Frieden zwischen dem Papste Urban und dem Reiche zu schließen, die Bischöfe von Wirzburg und Babenberg und den Abt von Hersfeld als Boten nach Verona. Nachdem sie glücklichen Erfolg gehabt und den Frieden zu Papier gebracht hatten, brachten sie dem Kaiser in Lutra die Botschaft zurück. Durch Gesandte, welche von beiden Seiten geschickt waren, wurden der Kaiser und der König von Francien zu großer Freundschaft verbunden. Ein von der ganzen Christenheit zu beklagendes Ereigniß betraf die orientalische Kirche. Nämlich König Saladin, König der drei Reiche von Damaskus, Aegypten und Syrien, drang mit einer unendlichen Menge Heiden durch Verrath einiger christlichen Fürsten in der Woche nach dem Feste der Apostel Petrus und Paulus [29. Juni — 6. Juli] in das Land der Jerusalemer ein; ihm entgegen zog der Patriarch und der König von Jerusalem mit den Rittern des Tempels und des Hospitals und den andern Bischöfen aus dem Lande und dem ganzen Heere der Christen, und sie hatten das Kreuz des Herrn in ihrem Geleit. Da aber der Herr Gott das Gesicht von seinem Boten abwandte und im Zorne des Erbarmens nicht gedachte, wurden die Christen

---

1) Diese Jahre sind unausgefüllt geblieben.

besiegt, das Kreuz des Herrn genommen, der Patriarch, der König und viele Bischöfe mit dem ganzen Heere erschlagen. Saladin nahm als Sieger das ganze Land mit den Städten und Burgen ein und wüthend in barbarischem Grimme zerstörte er die Kirchen der Geistlichen, Mönche und Jungfrauen, nachdem diejenigen mit dem Märtyrertode gekrönt waren, die darin lebten. Allein die Stadt Tyrus hat Graf Konrad gerettet, der Sohn des Markgrafen Konrad von Monteferra, den Gott schickte, als er von Konstantinopel kam. Als dieses also geschehen war, sandte der Bischof von Jerusalem Briefe und Boten deshalb, indem er Rath und Hülfe verlangte. Darauf bestimmte der Papst für alle Kirchen Gebete und Fasten und schickte wegen der Unterstützung jenes Landes den Kardinalbischof von Albano Heinrich an den Kaiser und die übrigen Fürsten und Gläubigen jenseits der Alpen. Es geschah eine Sonnenfinsterniß. Der Kaiser schickte zur Befestigung des Friedens an den Papst Urban dieselben Boten, wie früher. Papst Urban starb in Ferrara und für ihn wird der frühere Kanzler Gregor [VIII.] eingesetzt. Nachdem dieser die Botschaft des Kaisers aufs Beste empfangen, nahm er gleichfalls als ein Sohn des Friedens und ein Israelit in Wahrheit, in dem kein Trug war, den Frieden an und bestätigte ihn. Papst Gregor schrieb dem Kaiser und den Fürsten wegen der Unterstützung des Landes Jerusalem, und weil seines Lebens die Welt nicht werth war, erfüllte er in Pisa sein Geschick; für ihn wird Clemens [III.] eingesetzt, früher Bischof von Präneste.

1188. Der apostolischen Botschaft gemäß setzte der Kaiser wegen der Unterstützung der Kirche des Ostens allen Fürsten des deutschen Landes und den übrigen Gläubigen einen Hoftag in Mainz an zu Mittfasten [25. März]. Auf diesem hat der Kölner Bischof, nachdem er schon lange Zeit wegen seiner Unschuld mit dem Kaiser in Unterhandlung gestanden, sich und seine Stadt vor dem ganzen Reiche ohne eine Bedingung in die Gnade des Kaisers gegeben. Auf Gottes Antrieb nahm der Kaiser in Gegenwart des Legaten von Albano und des ganzen Reiches das Kreuz zur Vergebung aller seiner Sünden, dann nahmen das Kreuz sein Sohn der Herzog von Schwaben, der Landgraf und viele Bischöfe, Herzoge, Grafen und Edle, Ritter und Kriegsleute auf diesem Hoftage, viertausend auserwählter Männer, und die um ein volles Jahr verschobene Heerfahrt wurde auf den Tag des heiligen Georg [23. April] in Regensburg festgesetzt. Nach Gottes verborgenem, jedoch gerechtem Rathschlusse brannte die Stadt Magdeburg am Pfingstabende [4. Juni] fast ganz ab; es brannte ab die Kirche der heiligen Maria und die Kirche des heiligen Märtyrers Sebastian mit ihren Pfarreien und zwölf Kapellen.[1]

Ferner im Jahre 1453 am Tage des Märtyrers Cyriacus [21. Juni], der ein Dienstag war, wurde Apelo von Ebeleyben[2] in den Besitz seines Schlosses eingeführt, dessen er durch Herzog W. von Sachsen und den Landgrafen von Thüringen beraubt worden, weil er seinem Oheim Busso Wiczthum anhing; auch ist er im Schlosse Dornburg bei seiner Mutter gefangen worden und ihm wurde die Tochter Tabaus des Schenken von Tutenberg verlobt, welche ein Edelfräulein der Königin war. In demselben Jahre wurde die Thür bei Sankt Andreas[3] draußen durch den Meister Steinhauer Laurentius erbaut und er, der sich damals jedoch in Markgraf befand, war mit seinem Genossen Meister des Baues am grünen Schilde in der Bartholomäipfarrei.

Im Jahre des Herrn 1453 am Montage nach Bartholomäi [27. August] — denn sein Tag war am Freitage gewesen — hat Herzog Wilhelm von Seite der Herren, nämlich des Propstes des heiligen Benedikt in Mimeleyben [Memleben] und des Propstes der Nonnen in Nusleyben [Roßleben] und des edeln .... Herrn von Querfurt gegen Friedrich von Wiczleyben wohnhaft zum Windelstehn[4] die Grafen und Vornehmeren[5] aufgeboten, welche mit ihm

---

1) Diesen Annalen wurden in Erfurt von verschiedenen Schreibern des 13. Jahrhunderts einige Bemerkungen über den Bilderstürmer Leo und Karl Martell und über den Ursprung der Franken hinzufügt, wie auch die in der Uebersetzung folgenden Notizen. — 2) Ebeleben, südwestlich von Sondershausen an der Helbe. — 3) in Erfurt. — 4) Wendelstein bei Roßleben. Vgl. oben den Zusatz zum Jahre 975. — 5) im Texte comites et pauciores, offenbar zu lesen pociores.

in Oesterreich bei dem Kaiser und Könige der Ungarn und Böhm[en] dem Bruder seiner Gemahlin und Bettgenossin, gewesen.

1455. Am Sonnabende nach Ostern [12. April] hat Fürst vor dem Dorfe Steden dem Propst Johann von Rusteleyben u[nd] Friedrich von Wiczleyben vom Stein einen Termin in Sachen Gefangennahme und Beraubung gesetzt.

1456 am Feste des heiligen Täufers Johannes [24 J.] haben sich in Merseburg Herzog Wilhelm und Friedrich v[om] Stein oder von Wiczleyben geeiniget.

In demselben Jahre nach Trinitatis war in Nordhausen [ein] Lanzenspiel. Der Grund desselben war ...... von Mansfeld g[e]gen ....᛫ Grafen von Stalberg und Swarczburg und Hoënstin.

1456 vor dem Himmelfahrtsfeste verlor der Großtürk n[och] Vierhunderttausenden von seinem Heere hunderttausend, und v[on] den Christen waren allein vierzigtausend, der Gubernator v[on] Ungarn mit gemeinem Volk ohne Edle.

In demselben Jahre um den Advent des Herrn schlägt d[er] Gubernator von Ungarn dem Grafen .... von Cziley [Cilly] de[n] Kopf ab.

Ferner in demselben Jahre wurde in Noremberg ein Ta[g] gehalten und ein Beschluß gefaßt für die Herren Preußens vo[m] Orden der Deutschen.

Im Jahre 1460 am zehnten Tage des Monats Juli, de[r] der Tag der sieben Brüder war, wurde Friedrich von Wiczleybe[n] vom Steine Windelstein in das Kloster Rosteleyben geb[ra]cht un[d] daselbst begraben, obwohl er sich im Banne des Papstes befand.

Ferner ist aus demselben Jahre zu merken der Verrath des Herrn Mainzer Erzbischofs Dyther und der Sieg des Pfalzgrafen.

Druck von Franz Duncker's Buchdruckerei in Berlin.